Incidências Laborais do Processo Especial de Revitalização

Incidências Laborais do Processo Especial de Revitalização

2023

Marlene Miranda
Mestre em Direito
Advogada

ALMEDINA

INCIDÊNCIAS LABORAIS DO PROCESSO ESPECIAL DE REVITALIZAÇÃO

AUTORA
Marlene Miranda
EDITOR
EDIÇÕES ALMEDINA, S.A.
Avenida Emídio Navarro, 81, 3D
3000-151 Coimbra
Tel.: 239 851 904 · Fax: 239 851 901
www.almedina.net · editora@almedina.net
DESIGN DE CAPA
EDIÇÕES ALMEDINA, S.A.
PRÉ-IMPRESSÃO
João Jegundo
IMPRESSÃO E ACABAMENTO

Junho, 2023

ISBN
978-989-40-1255-9

DEPÓSITO LEGAL

ALMEDINA | GRUPOALMEDINA

NOTA DA AUTORA

O presente texto corresponde, no essencial, à dissertação de mestrado apresentada à Faculdade de Direito da Universidade de Coimbra, no âmbito do Mestrado em Direito – Ciências Jurídico-Empresariais/Menção em Direito Laboral, sob orientação do Professor Doutor João Carlos Conceição Leal Amado.

Ao texto foram feitas emendas e adições motivadas pelas pertinentes observações e críticas do júri das provas públicas de defesa daquela dissertação, composto pelo Professor Doutor João Carlos Conceição Leal Amado, pela Professora Doutora Joana Isabel Sousa Nunes Vicente e pelo Professor Doutor João Carlos Simões Reis que, naquelas provas, foi arguente.

Não pode a autora deixar de agradecer ao Professor Doutor João Leal Amado a orientação, estímulo e entusiasmo que sempre demonstrou pelo tema, bem como as criticas, observações e sugestões de estudo gentilmente apontadas por todos os elementos do Júri.

Oliveira do Bairro, 20 de março de 2023

LISTA DE SIGLAS E ABREVIATURAS

Ac. – Acórdão
AI – Administrador de insolvência
AJ – Administrador Judicial
AJP – Administrador Judicial Provisório
Al. – Alínea
Artº – Artigo
AUJ – Acórdão Uniformizador de Jurisprudência
CC – Código Civil
CIRE – Código da Insolvência e da Recuperação de Empresas
CPC – Código do Processo Civil
CPEREF – Código dos Processos Especiais de Recuperação de Empresas e Falência
CRP – Constituição da República Portuguesa
CSC – Código das Sociedades Comerciais
CT – Código do Trabalho
DL – Decreto-lei
FGS – Fundo de Garantia Salarial
L – Lei
NRFGS – Novo Regime do Fundo de Garantia Salarial
PEAP – Processo Especial para Acordo de Pagamento
PER – Processo Especial de Revitalização
RERE – Regime Extrajudicial de Recuperação de Empresas
STJ – Supremo Tribunal de Justiça
TC – Tribunal Constitucional
TCAN – Tribunal Central Administrativo do Norte
TCAS – Tribunal Central Administrativo do Sul
TRC – Tribunal da Relação de Coimbra
TRE – Tribunal da Relação de Évora
TRG – Tribunal da Relação de Guimarães
TRL – Tribunal da Relação de Lisboa
TRP – Tribunal da Relação do Porto

INTRODUÇÃO

Em 18 de março de 2004, foi publicado o Decreto-lei 53/2004 que aprovou o Código da Insolvência e da Recuperação de Empresas (CIRE) e que viria a entrar em vigor 180 dias depois, em 14/09/2004.

O código aprovado representava um corte profundo com a anterior legislação falimentar, o Código dos Processos Especiais de Recuperação da Empresa e de Falência aprovado pelo DL nº 132/93, de 23 de abril. Com efeito, se no preâmbulo do DL nº 132/93 se afirma o objetivo primordial da recuperação do devedor, atestando-se que o mesmo *«modifica o regime substantivo e adjectivo da falência, insuflando nas suas normas o novo espírito que melhor se coaduna com o pensamento prioritário da recuperação das empresas devedoras»*, da leitura do preâmbulo do DL nº 53/2004 resulta evidente que tal prioridade foi abandonada deixando-se o futuro do devedor nas mãos dos seus credores ao afirmar-se que *«O objectivo precípuo de qualquer processo de insolvência é a satisfação, pela forma mais eficiente possível, dos direitos dos credores.»* O paradigma alterou-se drasticamente, passando a entender-se que cabia aos credores decidir o futuro da empresa já que, existindo *«uma empresa que não gerou os rendimentos necessários ao cumprimento das suas obrigações, a melhor satisfação dos credores pode passar tanto pelo encerramento da empresa, como pela sua manutenção em actividade. Mas é sempre da estimativa dos credores que deve depender, em última análise, a decisão de recuperar a empresa, e em que termos, nomeadamente quanto à sua manutenção na titularidade do devedor insolvente ou na de outrem. E, repise-se, essa estimativa será sempre a melhor forma de realização do interesse público de regulação do mercado, mantendo em funcionamento as empresas viáveis e expurgando dele as que o não sejam (ainda que, nesta última hipótese, a inviabilidade possa resultar apenas do facto de os credores não verem interesse na continuação)»*.

A tradução prática deste paradigma nas diversas normas do código, associada à volatilidade crescente do tecido económico, num mundo e num mercado cada vez mais globalizados, e ao agravamento das crises económicas, cada vez mais frequentes, conduziu a resultados desastrosos. Observou-se então, um aumento exponencial do número de insolvências e encerramento de empresas e, consequentemente, aumento do desemprego.[1] Compulsadas as estatísticas disponíveis[2] é possível verificar um aumento acentuado do número de insolvências decretadas entre os anos de 2011 e 2013.

Nº processos / Tipo de pessoa	Ano 2022	2021	2020	2019	2018	2017	2016	2015	2014	2013	2012	2011	2010	2009	2008	2007
Pes. singul.	3 527	6 141	6 145	8 027	8 406	9 169	9 526	10 260	10 613	10 717	9 247	5 343	2 115	1 249	683	476
Pes. colet. dto privado	847	1 968	2 213	2 174	2 373	2 692	3 281	4 333	4 529	5 575	5 949	4 517	3 942	3 691	2 811	2 102
Pes. colet. dto público	3	..	..	..	..	..	3	4	9	4	4	6	4	..	..	5
N.E.	3	..	4	14	3	5	28	37	157	49	42	86	60	28	21	26
Total Geral	**4 380**	**8 113**	**8 363**	**10 217**	**10 782**	**11 868**	**12 838**	**14 634**	**15 308**	**16 345**	**15 242**	**9 952**	**6 121**	**4 970**	**3 516**	**2 609**

É neste contexto, tendo em vista a inversão desse estado de coisas, que é publicada, em 20 de abril de 2012, a Lei nº 16/2012, que procede à sexta alteração ao CIRE, simplificando formalidades e procedimentos e instituindo o processo especial de revitalização e que viria a entrar em vigor 30 dias após a respetiva publicação, mais precisamente em 20 de maio de 2012. A lei nº 16/2012, de 20 de abril, vinha concretizar a "inversão de marcha" na lei insolvencial, retomando-se a primazia da recuperação em detrimento da liquidação. Esse objetivo está bem patente na Proposta de lei nº 39/XII[3], que esteve na génese da Lei nº 16/2012, em cuja exposição de motivos se pode ler que «*o principal objetivo prosseguido por esta revisão passa por reorientar o Código da Insolvência e Recuperação de Empresas para a promoção da recuperação, privilegiando-se sempre que possível a manutenção do devedor*

[1] Relativamente à evolução do número de processo de insolvência veja-se a informação estatística trimestral sobre processos de insolvência, o PER e o PEAP (2007-2019) da Direção-Geral da Politica de justiça elaborado em outubro de 2019, disponível em https://estatisticas.justica.gov.pt/sites/siej/pt-pt/Destaques/20191031_D69_FalenciasInsolvencias_2019_T2.pdf.

[2] Dados estatísticos disponíveis no sitio online da Direção-Geral da Politica de Justiça, consultado em 29/10/2022: https://estatisticas.justica.gov.pt/sites/siej/pt-pt/Paginas/Insolvencias-decretadas-nos-tribunais-judiciais-de-1-instancia.aspx.

[3] Disponível para consulta no sítio da internet do Parlamento Português – DetalheIniciativa (parlamento.pt) –, consultada em 26/07/2022.

no giro comercial, relegando-se para segundo plano a liquidação do seu património sempre que se mostre viável a sua recuperação.».

Com efeito, reconhecendo que, frequentemente, e ao contrário do afirmado no preâmbulo do DL nº 53/2004, o interesse dos credores não coincide ou é mesmo oposto, ao interesse público, o legislador procurou criar um mecanismo que potenciasse a recuperação das empresas e a manutenção dos postos de trabalho, criando assim o Processo Especial de Revitalização (PER) que «*pretende assumir-se como um mecanismo célere e eficaz que possibilite a revitalização dos devedores que se encontrem em situação económica difícil ou em situação de insolvência meramente iminente mas que ainda não tenham entrado em situação de insolvência atual. A presente situação económica obriga, com efeito, a gizar soluções que sejam, em si mesmas, eficazes e eficientes no combate ao "desaparecimento" de agentes económicos, visto que cada agente que desaparece representa um custo apreciável para a economia, contribuindo para o empobrecimento do tecido económico português, uma vez que gera desemprego e extingue oportunidades comerciais que, dificilmente, se podem recuperar pelo surgimento de novas empresas. Este processo especial permite ainda a rápida homologação de acordos conducentes à recuperação de devedores em situação económica difícil celebrados extrajudicialmente.*»

De acordo com a definição constante do nº 1 do artº 17º-A do CIRE, introduzido pela Lei nº 16/2012, "o processo especial de revitalização destina-se a permitir ao devedor que, comprovadamente, se encontre em situação económica difícil ou em situação de insolvência meramente iminente, mas que ainda seja suscetível de recuperação, estabelecer negociações com os respetivos credores de modo a concluir, com estes, acordo conducente à sua revitalização."

Estamos, pois, perante uma figura pré-insolvencial, que visa precisamente evitar a declaração de insolvência do devedor, promovendo a respetiva recuperação mediante a celebração de um acordo entre o devedor e os seus credores.

A figura foi entretanto sofrendo alguns aperfeiçoamentos e alterações, designadamente com a recente publicação, em 11 de janeiro de 2022, da Lei nº 9/2022, que entrou em vigor em 11 de abril de 2022, e que estabelece medidas de apoio e agilização dos processos de reestruturação das empresas e dos acordos de pagamento, transpõe a Diretiva (UE) 2019/1023, do Parlamento Europeu e do Conselho, de 20 de junho de 2019, (doravante apenas diretiva) e altera o Código da Insolvência e da Recuperação de Empresas, o Código das Sociedades Comerciais, o Código do Registo Comercial e legislação conexa.

Na génese da Lei nº 9/2022 encontramos a Proposta de lei nº 115/XIV/3ª[4] de cuja exposição de motivos resulta evidente a intenção de reforçar os mecanismos de restruturação preventiva, particularmente do PER, reforçando o acesso a mecanismos de financiamento e a proteção contra medidas executivas em obediência aos objetivos consagrados na Diretiva (EU) 2019/1023 para que as pessoas coletivas tenham ao dispor um processo especial de revitalização mais célere e orientado para a recuperação dos agentes económicos.

Como pode ler-se na exposição de motivos da Proposta de lei nº 115/XIV/3ª prevê-se a «*suspensão das medidas de execução na pendência das negociações entre a empresa e os seus credores*» esclarecendo-se questão que muita discussão doutrinária e jurisprudencial gerou sobre a extensão dessa proteção, clarificando-se que «*o despacho liminar proferido em PER, que consiste na nomeação do administrador judicial provisório, obsta à instauração de quaisquer ações executivas contra a empresa para cobrança de créditos durante o período de negociações – que não pode exceder quatro meses – e é causa de suspensão quanto à empresa, durante o mesmo período, das ações em curso com idêntica finalidade*» resultando, agora, claro que o efeito *standstill* não abrange ações declarativas e exclui-se, ainda, desse efeito suspensivo «*as ações executivas para cobrança de créditos de trabalhadores, em homenagem às particulares finalidades dos créditos laborais*».

Procura-se potenciar a concessão de financiamento às empresas em PER, aumentando a proteção de que beneficiam tais financiamentos e ainda criar condições para a aprovação do plano de revitalização com a previsão de "diferentes" formas de aprovação que, diríamos, são facilitadoras da aprovação do plano com o contraponto do aumento dos poderes de fiscalização que cabem à magistratura, por forma a evitar o recurso fraudulento às "facilidades" concedidas pelo PER.

Os trabalhadores da empresa em situação económica difícil são, obviamente, dos maiores interessados na respetiva recuperação económica, mas também, sobretudo, na defesa dos respetivos direitos. O objetivo do presente trabalho é, assim, analisar os efeitos do processo especial de revi-

[4] Disponível para consulta no sítio da internet do Parlamento Português – DetalheIniciativa (parlamento.pt) – consultada em 20/08/2022.

talização movido pela entidade empregadora nos contratos de trabalho e nos direitos dos trabalhadores tendo sempre em linha de conta que, se por um lado o trabalhador tem interesse na recuperação económica da sua empregadora com vista à manutenção do respetivo posto de trabalho tem também, como credor, interesse no célere e integral pagamento do respetivo crédito e estes dois interesses e posições podem, em determinadas situações, colidir.

Analisaremos o efeito da admissão liminar do PER, sua pendência e aprovação, nas ações judiciais movidas pelos trabalhadores, na execução e cessação do contrato de trabalho e na cobrança, valor e garantias dos créditos dos trabalhadores.

Faremos também o contraponto com as regras aplicáveis ao plano de insolvência, procurando anotar as diferenças entre o PER e o plano de recuperação aprovado no âmbito do processo de insolvência, e as vantagens e desvantagens de ambas as figuras, tendo sempre como referência a forma como os direitos dos trabalhadores são afetados, num e noutro mecanismo de recuperação de empresas.

Finalmente faremos uma sumária referência ao RERE.

Capítulo 1
Processo Especial de Revitalização – Aspetos Genéricos –

1.1. Finalidade do PER

O Processo Especial de Revitalização (PER) está previsto no Capitulo II do Titulo I do CIRE, entre o artº 17º-A e o artº 17º-J, embora a sua disciplina se estenda para além daquele capítulo na medida em que, como resulta do nº 3 do artº 17º-A do CIRE, ao PER aplicam-se todas as regras previstas no CIRE que não sejam incompatíveis com a sua natureza e por isso, especialmente, mas com as necessárias adaptações, as normas do capítulo I do Titulo IX do CIRE, que regula o Plano de insolvência[5]. Adicionalmente, e por força do disposto no artº 17º do CIRE, ao PER aplicam-se também as normas constantes do CPC em tudo o que não contrarie as disposições do CIRE, designadamente aquelas que regulam especificamente este processo especial.

De acordo com o nº 1 do artº 17º-A do CIRE «o processo especial de revitalização destina-se a permitir à empresa que, comprovadamente, se encontre em situação económica difícil ou em situação de insolvência meramente iminente, mas que ainda seja suscetível de recuperação, estabelecer negociações com os respetivos credores de modo a concluir com estes acordo conducente à sua revitalização.» Assim, só pode recorrer ao

[5] A redação do nº 3 do artº 17º-A do CIRE referida foi introduzida pelo Decreto-lei nº 79/2017 de 30 de junho. Antes dessa alteração nada se dizia sobre a aplicação das demais normas do CIRE ao PER e muito se discutiu sobre essa aplicação, quer na doutrina, quer na jurisprudência que, na sua maioria, considerava aplicável ao PER, com as necessárias adaptações, as normas relativas ao plano de insolvência. Veja-se, a título de exemplo, o Ac. TRG de 09.03.2017, (Relatora Maria Purificação Carvalho).

PER a empresa, como tal se considerando toda a organização de capital e de trabalho destinada ao exercício de qualquer atividade económica[6]. Pode, por isso, estar em causa uma empresa titulada por uma pessoa singular, uma pessoa coletiva ou um património autónomo, adotando o CIRE uma «noção abrangente de empresa, associando-a a um conceito prático e despido de tecnicidade que se apoia na noção estrutural de «organização de capital e de trabalho» e na orientação para o «exercício uma qualquer actividade económica»[7]

Para que a empresa possa recorrer ao PER ela terá de encontrar-se em situação económica difícil ou insolvência iminente, mas não atual[8]. A situação económica difícil é definida no artº 17º-B do CIRE, considerando-se verificada tal situação quando a empresa enfrenta dificuldades sérias para cumprir pontualmente as suas obrigações, o que pressupõe que não haja ainda incumprimento. Já a situação de insolvência iminente não encontra caracterização expressa no código e será, na maioria das vezes, extremamente difícil de distinguir da situação de insolvência atual. Refere CATARINA SERRA[9] que estará em causa «a situação em que o devedor antevê que estará impossibilitado de cumprir as suas obrigações quando estas se vencerem». A existência desse elemento previsional, em que o devedor

[6] Cf. artº 5º do CIRE.

[7] Veja-se o ac. do TRL de 22/01/2015 (Relator Carlos Marinho) onde pode ler-se que estando verificados aqueles dois elementos: capital e trabalho será de aplicar-se a disciplina prevista no CIRE para as empresas independentemente dos «ritmos e tempos de exercício da actividade, a permanência ou a ocasionalidade, as finalidades, particularmente a motivação do lucro ou o alijamento deste objectivo, as formas jurídicas e os estatutos e as áreas de actividade e intervenção» concluindo que, se da associação entre o capital e o trabalho resultar uma entidade com existência económica será de aplicar o estatuído no CIRE.

[8] De acordo com o disposto no nº 2 do artº 17º-A do CIRE, o requerimento no qual a empresa dá inicio ao PER deverá ser instruído com declaração subscrita, há não mais de 30 dias, por contabilista certificado ou por revisor oficial de contas, sempre que a revisão de contas seja legalmente exigida, atestando que a empresa não se encontra em situação de insolvência atual, à luz dos critérios previstos no artº 3º, isto é, que não se encontra impossibilitada de cumprir as suas obrigações vencidas ou que o seu passivo não é, manifestamente, superior ao seu ativo. Note-se que o emitente da mencionada declaração poderá incorrer em responsabilidade civil extracontratual – artº 485º do CC. – constituindo-o na obrigação de indemnizar os credores pelos prejuízos a que tenha dado causa, bem como poderá ser responsabilizado em sede de qualificação da insolvência nos termos do disposto no artº 186º e na alínea a) do nº 2 do artº 189º do CIRE. Nesse sentido DIANA TRINDADE, *O processo Especial de Revitalização*, p. 75.

[9] SERRA, CATARINA, *Para um novo entendimento dos créditos laborais na insolvência e na pré-insolvência da empresa*, p. 199.

prevê que irá incumprir as suas obrigações, é apontado também por Ana Filipa Conceição[10], que acrescenta à noção um elemento temporal, defendendo que a antecipação de incumprimento será relativamente a dívidas de curto prazo.[11]

A nosso ver, se bem que na insolvência iminente, caberão ainda situações em que o devedor já caiu em incumprimento relativamente a algumas das suas obrigações vencidas, esse incumprimento não pode ser tal que a situação seja já de insolvência atual, o que ocorrerá se estiver preenchida alguma das alíneas do nº 1 do artº 20º do CIRE que correspondem a factos indiciários (factos índice) de que o devedor já está, efetivamente, impossibilitado de cumprir pontualmente as suas obrigações vencidas.[12] Com efeito, se a falta de pagamento das obrigações vencidas for generalizada, tiver ocorrido já a falta cumprimento de uma ou mais obrigações, que pelo seu montante ou pelas circunstâncias do incumprimento revelem a impossibilidade do devedor satisfazer pontualmente a generalidade das suas obrigações, insuficiência de bens penhoráveis para pagamento do crédito de exequente verificada em processo executivo ou mesmo o incumprimento generalizado, nos seis meses anteriores, de dividas tributárias, contribuições e quotizações para a Segurança Social, dividas emergentes de contrato de trabalho, sua violação ou cessação, rendas, prestações de compras ou empréstimos, não pode senão concluir-se pela probabilidade de a situação de insolvência ser já atual e nesse caso não deve ser admi-

[10] Conceição, Ana Filipa, *A noção de Insolvência iminente*, p. 32.

[11] Refere Catarina Serra, que na insolvência iminente está em causa uma situação em que se prevê que, num futuro próximo o devedor estará impossibilitado de cumprir as suas obrigações, em que há probabilidade de insolvência que «corresponde a uma probabilidade *qualificada* (por oposição à *simples*) ou de uma *forte* probabilidade de insolvência, o que significa que não basta que a insolvência seja previsível (a médio ou longo prazo); é preciso que ela seja previsível a curto ou a curtíssimo prazo.». Cfr. Catarina Serra, *O regime extrajudicial de Recuperação de empresas – Análise (E) Crítica*, p. 43.

[12] Pode ler-se no Ac. do TRL de 25/06/2009 (Relatora Carla Mendes) que «A iminência da insolvência caracteriza-se pela ocorrência de circunstâncias que, não tendo ainda conduzido ao incumprimento em condições de poder considerar-se a situação de insolvência já actual, com toda a probabilidade a vão determinar a curto prazo, exactamente pela insuficiência do activo líquido e disponível para satisfazer o passivo exigível.» defendendo que a apreciação terá de ser efetuada tendo «em conta a expectativa do homem médio face à evolução normal da situação do devedor, de acordo com os factos conhecidos e na eventualidade de nada acontecer de incomum que altere o curso dos acontecimentos.»

tido o PER, o que não impedirá que a empresa possa procurar a respetiva recuperação, mas aí já através de um plano de insolvência.[13]

Pensamos também que, se na pendência do processo de revitalização o devedor incumprir as suas obrigações em termos tais que se ache preenchida alguma das alíneas do nº 1 do artº 20º do CIRE, não pode o juiz do processo deixar de concluir que a insolvência é já atual, hipótese em que o plano não deve ser homologado. Na esteira de PEDRO PIDWELL[14] entendemos que, se a empresa não tem capacidade para, durante a pendência do PER, quando está protegida da ação dos seus credores, pagar pontualmente as suas dívidas "operacionais", designadamente perante trabalhadores e fornecedores, restarão poucas dúvidas de que estará já em situação de insolvência atual e não apenas iminente, situação que deverá ser devidamente apreciada no processo. Veja-se que após a entrada em vigor da Lei nº 9/2022, de 11 de janeiro, o juiz, no despacho em que homologa ou não o plano de recuperação deverá aferir se o plano apresenta perspetivas razoáveis de evitar a insolvência da empresa ou de garantir a viabilidade da mesma – *cf. alínea g) do nº 7 do artigo 17º-F do CIRE* – pelo que, em rigor, deve, segundo pensamos, aferir se a empresa não estará já, naquele momento, insolvente.[15]

[13] O Plano de insolvência que vise a recuperação da empresa é chamado de plano de recuperação nos termos do disposto no nº 3 do artº 192º do CIRE. No entanto, por facilidade de exposição e distinção da recuperação pré e pós-insolvencial, continuaremos, neste estudo, a designá-lo por Plano de Insolvência.

[14] PIDWELL, PEDRO, *Notas Práticas sobre as negociações no âmbito do Processo Especial de Revitalização (PER) e do Plano de Insolvência (na vertente da recuperação)*, in "Revista de Direito da Insolvência", nº 4, Almedina, 2020, p. 25.

[15] *De iure condendo* consideramos que faz pouco sentido permitir o acesso ao PER, como mecanismo de recuperação, a empresa em situação de insolvência iminente e já não a empresa em situação de insolvência atual, primeiro porque a linha que separa uma realidade da outra é tão fina que em muitos casos será impercetível, em segundo lugar porque, e aqui acompanhamos DAVID S. DINIS e NUNO S. CASANOVA, a circunstância de a insolvência ser atual ou iminente nada diz quanto ao potencial de recuperação da empresa, e, finalmente, porque daqui decorre a marginalização e desvalorização da recuperação da empresa através da aprovação de um plano de insolvência pelo que faria mais sentido, a nosso ver, permitir o acesso ao PER a todas as empresas passíveis de recuperação, estivessem ou não insolventes, condicionando porém a aplicação de algumas das normas hoje previstas para o PER à inexistência de incumprimento de dividas vencidas. Cfr. DAVID S. DINIS e NUNO S. CASANOVA, *PER – O Processo Especial de Revitalização.*

O PER é um processo pré-insolvencial, especial, híbrido, informal, voluntário, consensual, concursal, recuperatório e urgente.[16] O PER visa evitar a declaração de insolvência do devedor, e por isso, antecede o, eventual, processo de insolvência. É um processo com uma regulamentação especial, com uma forte componente extrajudicial, a cargo do administrador judicial provisório, a que o devedor recorre voluntariamente, de tramitação urgente – *Cf. nº 3 do artº 17º-A do CIRE-*, que envolve todos os credores do devedor – *Cf. nº 11 do artº 17º-F do CIRE* – e procura alcançar entre estes e o devedor um acordo que permita a recuperação económica deste.

Resulta do exposto que a "satisfação dos credores é relegada para segundo plano", embora não possa, obviamente, ser esquecida na medida em que é aos credores que cabe, a final, decidir o destino do devedor. Como refere Catarina Serra[17] «Para os credores fica, mais uma vez, reservado o papel fundamental: ou consentirem (pelo menos momentaneamente) no sacrifício dos seus direitos para viabilizarem o PER ou então manterem-se irredutíveis, caso em que o plano de recuperação não é aprovado».

1.2. Aspetos processuais – Breve análise

De acordo com o nº 1 do artº 17º-C do CIRE o processo inicia-se pela manifestação de vontade da empresa e de credor ou credores que, não estando especialmente relacionados com a empresa, sejam titulares, pelo menos, de 10 /prct. de créditos não subordinados[18], por meio de declaração escrita, de encetarem negociações conducentes à revitalização daquela, por meio da aprovação de plano de recuperação. Além desta declaração, o requerimento tem de ser instruído com declaração da própria empresa, atestando reunir as condições necessárias para a sua recuperação – exigência que nos parece verdadeiramente redundante-, com declaração subscrita por contabilista certificado ou ROC atestando que a empresa não se encontra em

[16] Serra, Catarina, *Satisfação dos interesses dos credores no âmbito do PER: são os credores todos iguais? Católica Law Review, volume V \ nº 2 \ maio 2021* \ 13-43.; Vasconcelos, L. Miguel Pestana de, *Recuperação de empresas: o processo especial de revitalização*, Almedina, 2017; Serra, Catarina, *O Processo Especial de Revitalização na jurisprudência*, Almedina, 2016, p.28-32; Epifânio, Maria do Rosário, *Manual de Direito da Insolvência*, Almedina, 2022, p. 440-442.

[17] Serra, Catarina, *Processo Especial de revitalização – contributos para uma "rectificação"* -, Revista da Ordem dos Advogados, Ano 72 – Vol.II/III – Abr|Set – 2012, página 716 e sgts.

[18] Nas condições previstas no nº 9 do artº 17º-C do CIRE o limite de 10% previsto no n. º1 pode ser reduzido pelo juiz do processo em função do montante absoluto dos créditos relacionados e da composição do universo de credores.

situação de insolvência atual, cópia dos documentos elencados no nº 1 do artº 24º do CIRE, proposta de plano acompanhada de descrição da situação patrimonial, financeira e creditícia da empresa, e ainda, proposta de classificação dos credores afetados pelo plano de recuperação em categorias distintas, de acordo com a natureza das respetivos créditos, em credores garantidos, privilegiados, comuns e subordinados.[19] A empresa pode ainda, na proposta de classificação dos credores que apresente, agrupar os credores em categorias, pressuposto essencial da aplicação das regras de aprovação por categorias e da aprovação contra categorias de credores a que nos referiremos mais à frente neste estudo.[20]

Recebido o requerimento o Juiz deve de imediato, atento o carácter urgente do processo[21], proferir despacho liminar, indeferindo ou admitindo o processo, devendo, neste último caso, nomear o administrador judicial provisório, doravante, abreviadamente, AJP. Desse despacho é sempre dada publicidade[22], e sendo o despacho de admissão, qualquer credor disporá, nos termos do disposto no nº 2 do artº 17º-D do CIRE, do prazo de 20 dias, a contar daquela publicação, para reclamar os seus créditos, remetendo a reclamação ao AJP.

[19] São subordinados os créditos mencionados no artigo 48º do CIRE, exceto quando beneficiem de privilégios creditórios, gerais ou especiais, ou hipotecas legais, que não se extingam por efeito da declaração de insolvência – *cf. alínea b) do nº 4 do artº 47º do CIRE* -; são garantidos e privilegiados os créditos que beneficiem, respetivamente, de garantias reais, incluindo os privilégios creditórios especiais, e de privilégios creditórios gerais sobre bens integrantes da massa insolvente, até ao montante correspondente ao valor das garantias ou dos privilégios gerais, tendo em conta eventuais onerações prevalecentes – *Cf. alínea a) do nº 4 do artº 48º do CIRE* – sendo comuns todos os demais. Para os casos em que o carácter subordinado do crédito decorra da existência de especial relação entre o seu titular e a empresa devedora teremos de ter em linha de conta o disposto no artº 49º do CIRE que contém uma enumeração taxativa (veja-se a locução «são exclusivamente considerados») das pessoas que podem ser consideradas especialmente relacionadas.

[20] A classificação dos credores por categorias, além da classificação "tradicional" dos créditos como garantidos, privilegiados, comuns e subordinados, foi introduzida pela lei nº 9/2022 e é facultativa, isto é, a empresa não está obrigada a apresentar qualquer classificação dos credores por categorias, o que resulta da locução «querendo» constante da alínea d) do nº 3 do artº 17-C do CIRE, sendo que mesmo a classificação "tradicional" está dispensada no caso das micro, pequenas e médias empresas.

[21] Cf. nº 3 do artº 17º-A do CIRE.

[22] A empresa deverá comunicar aos credores que deu início ao PER, convidando-os a participar nas negociações, nos termos do disposto no nº 1 do artº 17º-D do CIRE.

Findo o prazo da reclamação o AJP apresenta, em cinco dias, uma lista provisória de créditos, a qual é publicada no portal *citius* e pode ser impugnada no prazo de cinco dias úteis, após o que o juiz dispõe de idêntico prazo para decidir sobre as impugnações. Inexistindo impugnações a lista provisória de credores converte-se de imediato em definitiva[23]. Em qualquer caso, isto é, existam ou não impugnações, deverá o juiz decidir sobre a conformidade da formação das categorias de créditos podendo determinar a sua alteração caso entenda que as mesmas não refletem o universo de credores da empresa ou a existência de suficientes interesses em comum entre os credores que formam cada categoria.

Findo o prazo para as impugnações inicia-se o prazo de dois meses para que se concluam as negociações, prazo que pode ser prorrogado por um mês[24] sendo que, até ao último dia do prazo das negociações a empresa deposita no tribunal a versão final do plano de recuperação[25] e no prazo de cinco dias subsequente à publicação, qualquer credor pode alegar nos autos o que tiver por conveniente quanto ao plano depositado pela empresa, designadamente, circunstâncias suscetíveis de levar à não homologação do mesmo, dispondo a empresa de cinco dias após o termo do primeiro prazo para, querendo, alterar o plano em conformidade, e, nesse caso, depositar a nova versão nos termos previstos no número anterior. Segue-se a votação do plano num prazo de 10 dias, no decurso do qual qualquer interessado

[23] Em nossa opinião e como aprofundaremos mais à frente neste estudo, a lista definitiva forma caso julgado material, fixando definitivamente o valor do crédito e as garantias de que beneficiam os credores nela incluídos. Apenas os créditos impugnados continuarão em situação de indefinição já que a apreciação que deles será feita no PER é superficial e destina-se apenas a definir o direito de participação daquele credor (impugnado) nos autos, designadamente para efeitos de votação. Relativamente aos créditos não impugnados a lista representa uma decisão sobre a existência do crédito que assim se deve considerar definitivamente reconhecido, não só para os termos do PER, mas também para uma eventual cobrança coerciva em caso de não aprovação, não homologação ou revogação do plano de recuperação. A maioria da doutrina e jurisprudência entende que a decisão sobre as impugnações não forma caso julgado fora do PER. A reclamação de créditos tem carácter meramente incidental e destina-se, tão só, à delimitação dos credores que participam nas negociações, que têm direito de voto, que se podem opor ao acordo e para apuramento dos quóruns, daí que, a decisão sobre as impugnações tenha por base um juízo de probabilidade da existência do crédito, sem contraditório pleno, originando, por isso, mero caso julgado formal e não material.

[24] Cf. nº 7 do artº 17º-D do CIRE.

[25] Sobre os elementos que devem constar do plano de recuperação veja-se o disposto no nº 1 do artº 17º-F do CIRE.

pode solicitar a não homologação do plano, nos termos e para os efeitos previstos nos artº 215º e 216º do CIRE.

Concluindo-se a votação com a aprovação[26] do plano de recuperação conducente à revitalização da empresa cabe ao juiz proferir despacho a homologar ou recusar a respetiva homologação aplicando, com as necessárias adaptações, as regras previstas no título IX do CIRE, em especial o disposto nos artº 194º a 197º, no nº 1 do artº 198º e nos artº 200º a 202º, 215º e 216º, todos do CIRE.

A recusa de homologação pode ocorrer oficiosamente no caso de violação não negligenciável de regras procedimentais ou das normas aplicáveis ao seu conteúdo, como por exemplo a violação do princípio da igualdade dos credores previsto no artº 194º do CIRE, ou a pedido dos interessados, com fundamento no disposto no artº 216º do CIRE, cabendo ao credor o ónus de demonstrar que a sua situação ao abrigo do plano é previsivelmente menos favorável do que aquela em que se encontraria na ausência de qualquer plano ou que o plano proporciona a algum credor um valor económico superior ao montante nominal do crédito. Os poderes do juiz saíram reforçados com a publicação da lei nº 9/2022 de 11 de janeiro, tendo agora que aferir se, havendo classificação de credores em categorias distintas existe tratamento igual e proporcional dos credores inseridos numa mesma categoria, se as categorias que votaram contra o plano recebem um tratamento pelo menos tão favorável como o de qualquer outra categoria do mesmo grau, e mais favorável do que o de qualquer categoria de grau inferior, se nenhuma categoria recebe ou conserva mais do que o montante correspondente à totalidade dos seus créditos, se qualquer novo financiamento necessário para executar o plano não prejudica injustamente os interesses dos credores[27], e se o plano de recuperação apresenta perspe-

[26] Sobre as regras para aprovação do plano rege o nº 5 do artº 17º-F do CIRE, regras que são diferentes consoante a empresa tenha ou não indicado a classificação dos credores em categorias.

[27] Antevemos, nesta sede, muitas dificuldades para o julgador e a existência de decisões díspares sobre esta questão. Em nenhuma norma do código se fornecem, sequer, critérios para que se possa aferir o que significa "prejudicar injustamente". Argumentaríamos mesmo que, qualquer prejuízo que se imponha a um credor é sempre injusto – a justiça é dar a cada um o que é seu. O princípio basilar nas relações contratuais, e é de relações contratuais entre o credor e o devedor, que estamos a falar no PER, é o de que cada parte cumpra aquilo a que se obrigou e qualquer incumprimento será, por definição, injusto. Não havendo forma de garantir que o plano de recuperação vai ser cumprido, e atentas as "benesses" concedidas

tivas razoáveis de evitar a insolvência da empresa ou de garantir a viabilidade da mesma[28].

A decisão de homologação vincula a empresa e os credores, mesmo que não hajam reclamado os seus créditos ou participado nas negociações, relativamente aos créditos constituídos à data em que foi proferida a decisão prevista no nº 5 do artº 17º-C do CIRE, e é notificada, publicitada e registada pela secretaria do tribunal.

Estabelece o nº 5 do artº 217º do CIRE, aplicável ao PER por força do disposto no nº 3 do artº 17º-A do CIRE, que com a sentença homologatória do plano de recuperação se produzem, de imediato e independentemente da eventual interposição de recurso, as alterações dos créditos previstas naquele plano e tornam-se eficazes quaisquer atos ou negócios jurídicos previstos no plano. Defendemos, porém, como melhor explicaremos adiante, uma interpretação restritiva desta norma legal.

1.3. Natureza jurídica do plano de recuperação

Muito se tem discutido na doutrina e na jurisprudência sobre a natureza do PER e do plano de recuperação, natureza que não é de somenos importância para a reação dos credores, em particular no caso de incumprimento do plano homologado. Diversos autores colocam a tónica na natureza contratual do PER, tendo este, como tem, na sua base um acordo entre o devedor e os seus credores, atribuindo ao tribunal um papel residual.

A este propósito defendem Ana Prata, Jorge Morais de Carvalho e Rui Simões[29] que o PER tem na sua génese um contrato celebrado

ao financiador não vemos como se pode considerar que os prejuízos que decorrem desse financiamento para os credores "pré-existentes" não sejam injustos.

[28] Também nesta sede se anteveem dificuldades já que o juiz não será especialista em análise financeira e económica e apenas se prevê que o juiz possa determinar a avaliação da empresa por perito quando a não homologação do plano lhe for solicitada por um credor discordante com fundamento de que a situação dos credores ao abrigo do plano é menos favorável do que seria num cenário de liquidação da empresa ou com fundamento no desrespeitos das regras de aprovação previstas nas subalíneas iii) e iv) da alínea a) do nº 5 do artº 17º-F do CIRE. Com efeito, tendo o juiz que aferir se há perspetivas de que o plano seja cumprido e permita a recuperação económica da empresa não vemos como poderá tal decisão ser tomada sem o auxílio de perito com conhecimento especializado cuja intervenção, em todo o caso, julgamos poder (e dever) ser determinada oficiosamente nos termos do disposto no artº 467º do CPC.

[29] Ana Prata, Jorge Morais de Carvalho e Rui Simões, *Código da Insolvência e da Recuperação de Empresas*, Almedina, 2013.

entre o devedor e um, ou mais credores, salientando, assim, o caracter essencialmente extrajudicial do PER.

Como prescreve o artº 17º-C do CIRE, o PER inicia-se pela manifestação de vontade da empresa e de um ou mais dos seus credores de iniciarem negociações conducentes à recuperação económica da devedora mediante a aprovação de um plano de recuperação, vontade que tem de ser formalizada numa declaração escrita conjunta assinada por todos os declarantes. Pode, pois, dizer-se que o PER tem na sua base um contrato entre o devedor e os seus credores, obrigando-se todos a negociar tendo em vista o objetivo da revitalização da devedora, constituindo o plano um contrato entre a devedora e os seus credores que regula os termos daquela recuperação, especialmente os prazos e valores a pagar pela devedora.

Sucede que, obrigando o plano aprovado também os credores que não participem no processo e aqueles que, participando, votem contra ou se abstenham – cf. *artº 17º-F nº 11 do CIRE* -, necessário se torna que a falta do seu consentimento, à restrição dos respetivos direitos, seja suprida pela intervenção do tribunal. O plano tem a sua validade e eficácia dependente da homologação pelo tribunal. Como faz notar Catarina Serra[30], no PER prescinde-se da regra do consentimento individual típica dos contratos, tornando-se o encontro de vontades alcançado entre o devedor e alguns credores, obrigatório para todos, suprindo-se a falta de consentimento de algum ou alguns desses credores que, ainda assim, estarão vinculados às obrigações que decorrem do plano para os credores, isto é, vinculados a aceitar os termos previstos no plano quanto à satisfação do respetivo crédito.

Refere Gisela Fonseca[31] que «os efeitos do plano não derivam do mesmo, mas da própria sentença que o homologa» acrescentando que, sendo a sentença condição de eficácia do plano, não chocaria que se reconhecesse à sentença o valor constitutivo se existisse por parte do tribunal uma apreciação da oportunidade do plano e do mérito do seu conteúdo, o que, a nosso ver, e após a publicação da lei nº 9/2022, acontece no caso do plano de recuperação aprovado no PER. Com efeito, o juiz do processo tem, hoje, o "poder" de recusar a homologação do plano se o mesmo lhe parecer inviável ou incapaz de garantir a recuperação da empresa pelo que, neces-

[30] Serra, Catarina, *O Regime Português da Insolvência*, 5ª Edição, Almedina, 2012.
[31] Fonseca, Gisela, *A natureza do plano de insolvência*, p. 108.

sariamente, tem de apreciar o conteúdo do plano, analisar esse conteúdo e antecipar as possíveis consequências da respetiva implementação, fazendo um juízo de prognose sobre a probabilidade do seu cumprimento e eficácia para evitar a insolvência da empresa. Nesse sentido, em boa medida, o plano faz parte dos elementos constitutivos da sentença que o homologa e, por isso, assume, a nosso ver, a natureza de decisão judicial. Acompanhamos GISELA FONSECA[32] ao considerar que o plano de insolvência tem

[32] FONSECA, GISELA, *"A Natureza do Plano de Insolvência"* / *"Direito da Insolvência – Estudos"*, Coordenação de Rui Pinto, Coimbra Editora, 2011; A autora sublinha a "natureza dual do plano de insolvência" que constituiria um negócio processual, em tudo semelhante a qualquer outra transação judicial, conformando-se entre essas duas dimensões: a negocial, como encontro de vontades, verdadeiro contrato, e a judicial, fazendo notar que «tanto a transação judicial como o plano de insolvência, não obstante a natureza negocial, necessitam de homologação judicial, constituindo a sentença não uma mera aplicação do direito aos factos provados no decorrer do processo mas uma sentença de mérito que verifica a validade do negócio de autorregulação de interesses». Defendendo que o plano de insolvência não poderá enquadrar-se, dogmaticamente, na figura de transação judicial, PEDRO BARRAMBANA SANTOS defende que o plano de insolvência é «um acto de autonomia privada, um negócio jurídico unilateral no qual se identifica uma única declaração, a declaração da assembleia de credores emitida pela deliberação – SANTOS, PEDRO BARRAMBANA, *A pessoa insolvencial no processo de insolvência – um contributo para o enquadramento dogmático do plano de insolvência*, VI congresso Internacional de Ciências Jurídico-empresariais, ESTG – IP Leiria, 2015. Excetuando as situações em que o plano de insolvência é da iniciativa dos credores – *Cf. Artº 193º do CIRE*-, e não do devedor, a equiparação do plano à figura da transação judicial parece-nos a que melhor enquadra a figura, sendo que aquela objeção não se coloca no caso do plano de recuperação (aprovado no PER) que é, sempre, e exclusivamente, da iniciativa do devedor – *Cf. Nº 1 e nº 2 do Artº 17º-F do CIRE*. O consentimento do devedor e a subscrição do acordo de recuperação pelo devedor são essenciais à eficácia do plano de recuperação ao contrário do que sucede com o plano de insolvência que não tem de ser aprovado pela devedora exceto quando a exploração da empresa continue a seu cargo.
Há várias diferenças entre o plano de insolvência e o plano de recuperação aprovado em PER, desde logo no que se refere aos fins visados, legitimidade para a sua apresentação e forma de aprovação. Efetivamente, o plano de insolvência pode não visar a recuperação da empresa devedora podendo prever, apenas, alterações aos termos da liquidação definidos, por defeito, no CIRE. Na verdade, como estipula o nº 1 do artº 192º do CIRE pode ser aprovado plano de insolvência que regule a forma de pagamento dos créditos sobre a insolvência, o modo de liquidação dos bens que integram a massa insolvente e a sua repartição, bem como as responsabilidades do devedor uma vez findo o processo de insolvência em derrogação do que se prevê no CIRE, acrescentando o nº 3 da mesma norma legal que o plano de insolvência que tenha em vista a recuperação do devedor será chamado de plano de recuperação. Por outro lado, e ao contrário do plano de recuperação apresentado no PER, que é da iniciativa e lavra da empresa devedora, o plano de insolvência apresentado no processo de insolvência, visando ou

uma natureza complexa, configurando uma transação[33], um verdadeiro contrato processual, que não exige, para ter eficácia, a concordância de todos os intervenientes, bastando para tal a aprovação ou consentimento de uma simples maioria deles, cuja validade e eficácia depende, evidentemente, da homologação do tribunal. Pensamos que idêntica natureza terá o plano de recuperação.[34] Efetivamente, tal como nas transações judiciais, o plano tem na sua base um contrato (entre o devedor e os seus credores), mas tem o valor e os efeitos de uma sentença condenatória (é incontestável que a sentença homologatória tem o mesmo valor de uma sentença condenatória). Se é certo que o plano aprovado é, essencialmente, um contrato[35] não deixa de ser também, depois de homologado, uma decisão judicial. Só a decisão judicial, e o "selo" de legalidade e licitude que a mesma confere, legitima que o plano obrigue todos os credores do devedor, mesmo aqueles cuja vontade não obteve tradução nos termos do plano. Só a decisão judicial

não a recuperação do devedor, pode não ser na iniciativa deste. Com efeito, podem apresentar proposta de plano de insolvência o administrador Judicial nomeado no processo de insolvência, o devedor, qualquer pessoa legalmente responsável pelas dividas do devedor e qualquer credor ou grupo de credores cujos créditos representem pelo menos um quinto do total dos créditos não subordinados reconhecidos na sentença de verificação e graduação de créditos ou em estimativa do juiz se aquela sentença ainda não tiver sido proferida. Finalmente, as regras de aprovação são manifestamente diferentes não se prevendo, quanto ao plano de insolvência, a formação de categorias ao contrário do que pode suceder no plano de recuperação aprovado no PER. Também o computo dos votos assume regime diferente, previsto no nº 5 do artº 17º-F para o plano de recuperação e no artº 212º para o plano de insolvência, sendo aquele mais facilitador da aprovação do que este.

[33] Decorre do disposto no artº 1248º do cc que a transação é o contrato através do qual as partes previnem ou terminam um litígio mediante concessões recíprocas que podem implicar a constituição, modificação ou extinção de direitos diversos do direito controvertido no litígio. Note-se que, se as partes intervenientes neste contrato são, em princípio, as partes intervenientes na ação judicial podem nela intervir terceiros que sejam afetados por ela desde que nela intervenham e nela consintam.

[34] À classificação do plano de recuperação como um contrato processual não será alheia a circunstância de o direito da insolvência não apresentar autonomia dogmática e científica relativamente ao direito civil tendo, fundamentalmente, natureza adjetiva e por isso, respeitando os princípios e regras do direito civil. Como refere Gisela Fonseca que «a forte componente processual do direito de insolvência encontra-se patente logo no art. 1º, o qual define o processo de insolvência como *"um processo de execução universal cuja finalidade é a liquidação do património do devedor insolvente e a repartição do produto obtido pelos credores".*» Gisela Fonseca, *A natureza do plano de insolvência.*, p. 108.

[35] Nesse sentido Maria do Rosário Epifânio, *O processo especial de Revitalização*, Almedina, 2015.

pode suprir esse consentimento e, nessa medida, não podemos atribuir ao plano uma natureza meramente contratual. Segundo pensamos, o plano tem na sua base e génese um contrato entre o devedor e alguns dos seus credores, mas não tem o mesmo valor que um contrato. É a decisão judicial que confere validade e carácter vinculativo ao plano[36], cabendo sempre ao tribunal «sindicar a observância, como pressuposto do seu juízo de homologação, da regularidade dos procedimentos subjacentes e da legalidade do conteúdo do plano»[37]. A este propósito refira-se que os poderes do tribunal nesta matéria saíram reforçados com as alterações introduzidas ao CIRE pela Lei nº 9/2012 de 11 de janeiro e excederão os que cabem ao tribunal no caso de uma qualquer outra transação judicial. No caso de transação judicial o tribunal verificará a legitimidade das partes e a disponibilidade (e licitude) do objeto, e, verificando-se ambas, homologa o acordo a que as partes chegaram, acordo que pode abranger objeto diverso do concretamente questionado na lide desde que se verifique o pressuposto da disponibilidade dos correspondentes interesses. No caso da homologação do acordo de recuperação o tribunal não se limita a verificar se as regras processuais foram ou não cumpridas tendo de avaliar o conteúdo do plano, verificando o cumprimento do princípio da igualdade e prioridade relativa, o *best interest test*, a apreciação dos novos financiamentos e, em última análise a viabilidade do plano, sobretudo nas situações previstas no artº 216º do CIRE.[38]

[36] Acompanhamos, em larga medida, a declaração de voto vencido feita lavrar pela Juíza desembargadora Isabel Silva no ac. do TRG (Relator João Peres Coelho), datado de 02/02/2017. Refere a mesma que «o PER tem natureza híbrida, com uma primeira fase negocial, seguida de uma fase judicial. Porém, sob pena de desvirtuarmos a teoria geral dos contratos, a classificação dum "plano de recuperação homologado judicialmente" como um contrato já nos oferece as maiores dúvidas. Na fase de negociação poderá assumir essa natureza, pois estamos no domínio da liberdade individual de aderir ou não às negociações e à proposta apresentada. Porém, depois de homologado o plano, já adquire a natureza de decisão judicial, e só essa natureza é que legitima o poder de se impor a todos os credores, mesmo aqueles que o não votaram (art. 17º-F nº 6), efeito vinculativo que doutra forma seria inadmissível face ao princípio da liberdade contratual relativamente aos credores que nem participaram nas negociações.»

[37] Ac. do TRC de 07/03/2017 (Relator: António Domingos Pires Robalo).

[38] Sobre o papel do Juiz à luz das alterações introduzidas pela lei nº 9/2022 de 11 de janeiro ver Silva, Fátima Reis, *As alterações ao Processo especial de Revitalização: um novo Processo?* in "O Plano de recuperação e Resiliência para a Justiça Económica e a transposição da Diretiva 2019/1023, do Parlamento Europeu e do Conselho", E-book, Ministério da Justiça, 2021, p. 37-383.

A questão da natureza do plano não é meramente teórica e tem implicações práticas relevantes, desde logo no que se refere aos meios de defesa dos credores. Aceitar-se a natureza estritamente contratual do plano limitaria os meios de defesa dos credores relativamente ao incumprimento do devedor como analisaremos adiante.

Capítulo 2
Efeitos Processuais – Efeitos do PER nas Ações Judiciais Movidas pelos Trabalhadores

Como se referiu supra, o PER é um processo pré-insolvencial que visa evitar o risco de a empresa ser declarada insolvente em consequência das suas dificuldades económicas e financeiras. Nessa medida, a pendência do PER protege a empresa devedora dessa declaração, suspendendo medidas de execução, os processos de insolvência eventualmente interpostos contra a devedora e, bem assim, o dever daquela se apresentar à insolvência.

Admitido liminarmente o processo, *rectius,* nomeado o administrador judicial provisório – cf. nº 5 do artº. º17º-C do CIRE – o devedor fica protegido da ação dos respetivos credores assim se criando um "ambiente" propício à celebração do acordo de revitalização. Com efeito, dispõe o nº 1 do artº 17º-E do CIRE que «a decisão a que se refere o nº 5 do artº 17º-C obsta à instauração de quaisquer ações executivas contra a empresa para cobrança de créditos durante um período máximo de quatro meses, e suspende quanto à empresa, durante o mesmo período, as ações em curso com idêntica finalidade.» Recebido o processo e nomeado o administrador judicial provisório ficam os credores impedidos de mover, contra a empresa, ações executivas para a cobrança dos respetivos créditos e as ações que estiverem em curso suspendem-se por idêntico período. Trata-se do denominado efeito *standstill.*

Com as alterações introduzidas pela lei nº 9/2022, de 11 de janeiro, o nº 4 do artº 17º-E do CIRE passou a estipular que o disposto nos números anteriores – o efeito *stanstill* – não é aplicável a ações executivas para cobrança de créditos emergentes de contrato de trabalho, ou da sua violação ou cessação. Esta mudança legal, imposta pela Diretiva (EU) 2019/1023 do Parlamento Europeu e do Conselho, de 20 de junho de 2019, transposta para a ordem jurídica portuguesa pela Lei nº 9/2022 de 11 de janeiro, é de aplaudir. Efetivamente, pode ler-se no ponto 60 da Diretiva que «*Dada a necessidade de assegurar um nível adequado de proteção dos trabalhadores, os Estados-Membros deverão ser obrigados a isentar os créditos em dívida dos trabalhadores de qualquer suspensão de medidas de execução independentemente da questão de saber se esses créditos surgiram antes ou depois da concessão da suspensão. A suspensão das medidas de execução dos créditos em dívida dos trabalhadores só deverá ser permitida para os montantes e o prazo relativamente aos quais o pagamento desses créditos é efetivamente garantido a um nível semelhante por outros meios ao abrigo do direito nacional. Se, o direito nacional estabelecer limitações à responsabilidade das instituições de garantia, quer em termos da duração da garantia ou do montante pago aos trabalhadores, os trabalhadores deverão poder executar qualquer défice dos seus créditos junto do empregador, mesmo durante o período de suspensão. Em alternativa, os Estados-Membros deverão poder excluir os créditos dos trabalhadores do âmbito de aplicação do regime de reestruturação preventiva e prever a sua proteção nos termos do direito nacional.*»

É também de aplaudir que não se faça, na norma citada, qualquer distinção entre os créditos emergentes do contrato de trabalho e os decorrentes da sua violação ou cessação, em linha com o que se prevê no CT relativamente às garantias dos créditos dos trabalhadores. Mas, se a lei é, hoje, clara quanto aos efeitos, ou melhor, à ausência de quaisquer efeitos do recebimento do PER sobre as ações judiciais movidas pelos trabalhadores contra a devedora, é justo perguntar que efeitos terá a aprovação e homologação do plano sobre tais ações. Caberá, para melhor enquadrar a questão, uma breve referência ao regime anterior.

O nº 1 do artº 17º-E do CIRE, na sua redação original dada pela lei nº 16/2012 de 20 de abril rezava que «A decisão a que se refere a alínea a) do nº 3 do artº 17º-C do CIRE obsta à instauração de quaisquer ações de cobrança de dívidas contra o devedor e, durante todo o tempo em que perdurarem as negociações, suspende, quanto ao devedor, as ações em curso com idêntica finalidade, extinguindo-se aquelas logo que seja aprovado e homologado o plano de recuperação salvo quando este preveja a sua continuação.» Tal redação manteve-se praticamente inalterada com as alterações introduzidas à disciplina do PER pelo Decreto-lei nº 79/2017 de 30 de junho apenas com a *nuance* de que, onde antes se dizia devedor passou a dizer-se empresa, pois que, foi com o mencionado decreto-lei que, expressamente, se reservou o recurso ao PER às empresas, embora a doutrina e a jurisprudência já entendessem que só as empresas podiam recorrer ao PER[39].

O despacho que recebia o processo, *rectius*, o despacho de nomeação do administrador judicial provisório, constituía facto impeditivo da propositura de qualquer ação para cobrança de dívidas contra o devedor (ocorrendo a impossibilidade originária da lide que, como exceção dilatória inominada, determinava a absolvição da instância) e suspendia as ações que com idêntica finalidade corressem contra o devedor. Aprovado o plano, as ações suspensas eram extintas, exceto se o plano previsse a respetiva continuidade. Muito se discutiu na doutrina e na jurisprudência sobre se nas ações para cobrança de dívidas mencionadas na norma legal se incluíam ou não ações declarativas. A maioria da doutrina e jurisprudência admitida tal inclusão.[40]

A letra do nº 1 do artº 17º-E do CIRE foi significativamente alterada com a publicação da Lei nº 9/2022 de 11 de janeiro. Efetivamente, na sua atual redação, o nº 1 do artº 17º-E do CIRE prevê que «A decisão a que se refere o nº 5 do artº 17º-C obsta à instauração de quaisquer ações executivas contra a empresa para cobrança de créditos durante um período máximo de quatro meses, e suspende quanto à empresa, durante o mesmo período, as ações em curso com idêntica finalidade.» A letra da lei não deixa agora

[39] Veja-se, a título de exemplo, o Ac. TRC de 02/08/2017 (Relator Fernando Monteiro).

[40] Nesse sentido LEITÃO, LUÍS MENEZES, *A recuperação económica dos devedores*, Almedina, Lisboa, 2019, p. 49; BOULAROT, ANA PAULA, *Apontamentos sobre os efeitos do Processo Especial de Revitalização*, Julgar, nº 31, Almedina, 2017, p. 33. e ainda FERNANDES, LUÍS ALBERTO DE CARVALHO e LABAREDA, JOÃO, *Código da Insolvência e da Recuperação de Empresas anotado*, 3ª edição, Quid Iuris, Lisboa, 2015, p. 161.
Nesse sentido, a título de exemplo, Ac. TRP de 04/06/2019 (Rodrigues Pires); Ac. TRP de 14/04/2015 (Maria Graça Mira); Ac. TRP de 05/01/2015 (Maria José Costa Pinto); Ac. TRP de 07/04/2014 (João Nunes); Ac. TRC de 23/06/2017 (Felizardo Paiva); Ac. TRC de 19/05/2015 (Moreira do Carmo); Ac. STJ de 05/01/2016 (Nuno Cameira).
Contra, defendendo que apenas podem ser consideradas ações para cobrança de divida as ações executivas CASANOVA, NUNO SALAZAR e DINIS, DAVID SEQUEIRA, PER – *O Processo Especial de Revitalização*, Coimbra Editora, 2014, p. 95-109 e EPIFÂNIO, MARIA DO ROSÁRIO, *O Processo Especial de Revitalização*, Almedina, Lisboa, 2015, p. 33.
Para mais detalhe sobre a nossa posição relativamente à questão, em particular, no que se refere às ações propostas pelos trabalhadores, ver *Repercussões do processo especial de revitalização na efetividade dos créditos laborais* / Marlene Miranda, Questões Laborais, Coimbra, a.27 n.56 (jan.-Jun. 2020), p.163-202.

margem para dúvidas, resultando da mesma que apenas se suspendem as ações executivas.

Por outro lado, o nº 4 do artº 17º-E do CIRE excluiu expressamente daquele efeito suspensivo as ações executivas para cobrança de créditos emergentes de contrato de trabalho, ou da sua violação ou cessação. Valer isto por dizer que, caso o trabalhador disponha de título executivo, o recurso ao PER por parte da empregadora não o impede de interpor, e fazer seguir, ação executiva para cobrança do respetivo crédito, nem a execução que já esteja em curso aquando do início do processo se suspende, prosseguindo as diligências de penhora, de venda de bens penhorados e até de pagamento.[41]

Pensamos que a solução, sendo de aplaudir, peca por defeito e é de difícil compatibilização com o disposto no nº 11 do artº 17º-F do CIRE. Na verdade, a decisão de homologação do plano vincula a empresa e os credores, mesmo que não hajam reclamado os seus créditos no PER ou participado nas negociações, relativamente aos créditos constituídos à data em que foi proferido o despacho que nomeou o administrador judicial provisório. Ora, no plano prevê-se, quase sempre, uma moratória nos pagamentos e, frequentemente, uma redução do valor do crédito a pagar. O previsto no nº 4 do artº 17º-E do CIRE permite que o trabalhador que disponha de titulo executivo, mesmo relativamente a crédito já constituído à data da nomeação do administrador judicial provisório, possa interpor contra a empresa ação executiva para cobrança de tal crédito ou prossiga com ação executiva já interposta anteriormente, podendo dar-se o caso de, obter o pagamento integral desse crédito antes da prolação da decisão de homologação, caso em que, obviamente, já não será "abrangido" pelos efeitos do plano apesar do disposto no nº 11 do artº 17º-F do CIRE. Acresce que, se na sua redação anterior o nº 1 do artº 17º-E do CIRE esclarecia que, por efeito da homologação do plano, as ações movidas contra o devedor se extinguiam, exceto se o plano previsse a respetiva continuidade, hoje é omisso quanto ao destino das ações suspensas por efeitos do recebimento do PER.[42]

[41] Nesse sentido Nuno Lemos Jorge – *Os efeitos do Per e da insolvência sobre as ações laborais,* p. 309.

[42] Nuno Lemos Jorge – *Os efeitos do Per e da insolvência sobre as ações laborais, p. 307* – defende que o destino da ação executiva suspensa depende do que no plano se previr relativamente à mesma, entendendo que, caso o plano nada disponha quanto ao destino de tais execuções, deverão as mesmas prosseguir se o pano as não afastar o que sucederá no caso de estarem previstas modificações incompatíveis com tal prosseguimento.

Apesar disso, resultando do disposto no nº 11 do artº 17º-F do CIRE que o plano vincula o devedor e os credores relativamente a créditos já constituídos à data do início do processo parece-nos claro que as ações executivas terão de extinguir-se, aplicando-se analogicamente, o disposto no artº 806º do Código do Processo Civil e no nº 1 do artº 222º-E do CIRE, efetuando, contudo, uma interpretação restritiva deste, no sentido de o efeito extintivo apenas ocorrer com o transito em julgado do despacho que homologa o plano[43], e já não com a prolação do despacho[44]. Com efeito, faria pouco sentido extinguir ações sem que estivesse transitado em julgado o despacho de homologação que poderia ser "revertido" em sede de recurso e assim obrigaria o credor a propor nova ação.[45] Transitado em julgado o despacho que homologa o plano, deve o devedor comunicá-lo ao agente de execução que extinguirá a execução. Este efeito extintivo da decisão de homologação do plano, devidamente transitada em julgado, verificar-se-á também relativamente às ações executivas para cobrança de créditos emergentes de contrato de trabalho, ou da sua violação ou cessação que ainda estejam pendentes na data do trânsito em julgado do despacho de homologação, só assim se compatibilizando o disposto no nº 1 e 4 do artº 17º-E com o disposto no nº 11 do artº 17º-F do CIRE.

Pode suceder que, na data do trânsito em julgado do despacho de homologação do plano, já o trabalhador tenha recebido na execução mais do que o plano previa lhe fosse pago o que, evidentemente, não implicará a res-

[43] Nesse sentido NUNO LEMOS JORGE – *Os efeitos do Per e da insolvência sobre as ações laborais, p. 307, nota 7.*

[44] O artº 222º -E do CIRE, relativo ao processo especial para acordo de pagamento estipula no seu nº 1 que «A decisão q que se refere o nº 4 do artigo 222º-C obsta à instauração de quaisquer ações executivas para cobrança de dividas contra o devedor e, durante todo o tempo em que perdurarem as negociações, suspende, quanto ao devedor, as ações executivas em curso com idêntica finalidade, extinguindo-se as mesmas logo que seja aprovado e homologado o acordo de pagamento, salvo quando este preveja a sua continuação.» Sendo esta uma norma prevista para um processo especialíssimo – o PEAP – levanta-se a questão de saber se será de aplicá-la, ao PER, por força do disposto no nº 3 do artº 17º-A do CIRE, particularmente no que respeita à extinção das ações executivas suspensas por efeito da homologação do plano. Julgamos ser de responder afirmativamente à questão apesar de estarem em causa dois processos especialíssimos. As similitudes entre os dois institutos parecem assim permitir a aplicação a cada um deles de normas pensadas para o outro que não sejam contrariadas pelas normas específicas que os regem.

[45] Nesse sentida RITA MOTA SOARES, *Renovado Processo Especial de Revitalização,* p. 32, nota 37.

tituição de qualquer valor por parte do trabalhador, pois que, o recebido, o foi devidamente.

Por outro lado, a instância executiva extinta poderá ser renovada caso o devedor incumpra os termos do plano de recuperação homologado. Dispõe o nº 13 do artº 17º-F do CIRE que «É aplicável ao plano de recuperação o disposto no nº 1 do artº 218º» que sob a epigrafe "Incumprimento" prevê que «a moratória ou o perdão previstos no plano ficam sem efeito: a) quanto a crédito relativamente ao qual o devedor se constitua em mora, se a prestação, acrescida de juros moratórios, não for cumprida no prazo de 15 dias após interpelação escrita do credor; b) Quanto a todos os créditos se, antes de finda a execução do plano, o devedor for declarado em situação de insolvência em novo processo.» Da citada norma resulta que o incumprimento é condição resolutiva[46] da moratória e do perdão previstos no plano; sendo as obrigações de pagamento previstas no plano obrigações com prazo certo (que consta do plano) ultrapassado este, para transformar a mora em incumprimento, é essencial que o credor interpele o devedor para cumprir, tendo este 15 dia para fazer o pagamento, interromper a mora e evitar assim, cair em incumprimento. Se, interpelado, o devedor não efetuar o pagamento da prestação ou prestações em falta, acrescidas de juros moratórios, a obrigação considera-se incumprida e fica sem efeito, quer a moratória quer o perdão previstos no plano.

Verificado aquele incumprimento, pode, a nosso ver, o credor requerer a renovação da instância executiva, aplicando-se analogicamente o disposto no nº 1 do artº 808º do Código do Processo Civil. Assim, o trabalhador cuja ação executiva tenha sido extinta por força do trânsito em julgado do despacho que homologou o plano pode requerer a renovação da instância executiva para prosseguir a cobrança do seu crédito nos mesmos termos em que o vinha fazendo antes daquele efeito extintivo ter ocorrido na medida em que, com o incumprimento do plano, os créditos são, automaticamente, repristinados, cessando as alterações introduzidas pelo plano.[47]

[46] De acordo com o disposto no artº 270º do Código Civil «as partes podem subordinar a um acontecimento futuro e incerto a produção dos efeitos do negócio jurídico ou a sua resolução: no primeiro caso diz-se suspensiva a condição; no segundo, resolutiva.» A natureza de condição resolutiva do incumprimento é assumida pelo próprio CIRE. Veja-se o disposto no nº 3 do artº 201º do CIRE.

[47] Nesse sentido Rita Mota Soares, *Renovado Processo Especial de Revitalização,* p. 44.

E se o trabalhador não tinha qualquer execução a correr? Pode o plano homologado considerar-se título executivo e com base nele o trabalhador mover ação executiva para cobrança do crédito que tenha reclamado no PER? Se o trabalhador dispuser de outro título executivo, poderá, obviamente, servir-se dele para interpor a ação executiva conquanto que, cumprindo o prescrito no artº 218º do CIRE, transforme a mora do devedor em incumprimento. Mas, e se antes da homologação do plano o trabalhador não tiver obtido título executivo? Pode o despacho que homologa o plano considerar-se título executivo?

A jurisprudência divide-se quanto a essa questão relevando para a sua análise a natureza do plano de recuperação a que nos referimos no capítulo precedente. Assim, quando a tónica recai no carácter contratual do plano os tribunais inclinam-se para considerar que aquele não constituiu título executivo, ao passo que, quando o acento é colocado na "validação judicial" conferida pelo despacho de homologação, os tribunais tendem a considerar que o plano, devidamente homologado, constituiu título executivo.

A questão é, efetivamente controversa, e para esse debate contribuiu o facto de no PER não ser proferida sentença de verificação de créditos. A maioria da doutrina e jurisprudência considera que, no âmbito do PER, a reclamação de créditos tem carácter meramente incidental e destina-se, tão só, à delimitação dos credores que participam nas negociações, que têm direito de voto, que se podem opor ao acordo e para apuramento dos quóruns, daí que, a decisão sobre as impugnações tenha por base um juízo de probabilidade da existência do crédito, sem contraditório pleno, originando, por isso, mero caso julgado formal e não material.[48]

Sobre a questão colocada têm sido produzidas diversas, e contraditórias, decisões pelos tribunais nacionais. No sentido de que o plano não constituiu título executivo citaremos, a título de exemplo, o Ac. do TRP de 15/12/2021 (relator Carlos Gil), os Ac. do TRC de 12/07/2017 (relator Jorge Arcanjo), 09/10/2018 (Relator: Carlos Moreira) e 17/09/2019 (Relator: Emídio Santos), o Ac. do TRG de 13/02/2020 (Relatora: Margarida Almeida Fernandes) e os Ac. do STJ de 09/04/2019 (Relator Pinto de Almeida) e 05/05/2020 (Relator: Carlos Dias). Tais decisões baseiam a resposta negativa à questão colocada na inexistência de uma definição individualizada

[48] Nesse sentido Ac. do TRP de 13/09/2018, (relator: Carlos Portela) e Ac. do STJ de 28/04/2021 (Relator: José Rainho).

dos créditos considerando que, no âmbito do PER, não é proferida qualquer sentença de verificação de créditos com eficácia de caso julgado material e assim sendo, faltaria ao despacho de homologação do plano elemento essencial para que pudesse ser considerado título executivo nos termos gerais da alínea a) do nº 1 do artº 703º do Código do Processo Civil. Defendem que inexiste norma específica que atribua ao despacho que homologa o plano de recuperação força executiva e que, ao PER e a tal despacho, não se pode aplicar o disposto no na alínea c) do nº 1 do artº 233º do CIRE, que confere força executiva á sentença homologatória do plano de pagamentos, bem como à sentença de verificação e graduação de créditos ou a decisão proferida em verificação ulterior de créditos em conjugação, se for caso disso, com a sentença homologatória do plano de insolvência.

A jurisprudência citada afasta a aplicação ao PER do disposto na alínea a) do nº 1 do artº 233º do CIRE, precisamente, pelo facto de, no âmbito do PER, não ser proferida sentença de verificação e graduação de créditos. Argumenta-se que a lista definitiva de créditos reconhecidos elaborada no âmbito do PER não tem em vista a determinação da existência e configuração do direito do credor, mas serviria tão só para legitimar a participação do credor no processo e para efeito de apuramento das maiorias necessárias à votação. A esse propósito, refere Maria do Rosário Epifânio[49] que «A lista definitiva de créditos não integra um "ato formal de reconhecimento dos créditos" (uma sentença de verificação ou graduação), pois apenas existem respostas às impugnações» e nessa conformidade aquela lista e a decisão proferida sobre as impugnações não formaria caso julgado material não tendo qualquer efeito extra-processo.

Nuno Salazar Casanova e David Sequeira Dinis[50] defendem que «no Per inexiste efetivo contraditório relativamente aos créditos reclamados, desde logo porque – ao contrário do que sucede no processo de insolvência (cf. artº 131º) – não se prevê a possibilidade de deduzir resposta às impugnações» concluindo que «uma tão forte limitação ao exercício do contraditório é incompatível com a formação do caso julgado sobre partes interessadas».

Por outro lado, pode ler-se no acórdão do STJ de 9/4/2019 que o título executivo mencionado na alínea a) do nº 1 do artº 233º do CIRE será, em

[49] Epifânio, Maria do Rosário, *O Processo Especial de Revitalização*, pp. 51 e 52.

[50] Casanova, Nuno Salazar e Dinis, David Sequeira, *PER – Processo Especial de Revitalização*, p. 78-80.

primeira linha, a sentença de verificação e graduação de créditos e que a sentença homologatória do plano teria como função explicitar as modificações introduzidas pelo plano aos créditos reconhecidos. Sustenta-se também que, em caso de incumprimento do plano, e considerando o disposto no nº 1 do artº 218º do CIRE, já a sentença homologatória do plano não serviria, por si, como título executivo pelo facto de, em virtude do incumprimento, terem ficado sem efeito as condições aí previstas, isto é, a moratória e o perdão.

Se bem lemos e interpretamos a jurisprudência citada, a sentença homologatória do plano de insolvência serviria de titulo executivo para a cobrança do crédito modificado pelo plano, porventura acompanhada da sentença que verificou a existência do crédito, mas, em caso de incumprimento, e pretendendo o credor executar o crédito primitivamente reclamado e reconhecido, só da sentença de verificação de créditos se poderia valer já que, por força do incumprimento a moratória e o perdão previstos no plano ficam sem efeito «ocorrendo a repristinação dos créditos originais»[51]. Ou seja, a jurisprudência citada não reconhece ao plano de insolvência, desacompanhado da sentença de verificação de créditos, valor de título executivo, fazendo uma interpretação restritiva do citado artº 233º do CIRE. Inexistindo no PER sentença que declare verificados os créditos entende a jurisprudência citada que o despacho que homologa o plano de recuperação não poderá servir como título executivo para cobrança do crédito uma vez que daquele incumprimento decorria que o plano ficasse em efeito.

No sentido de que o despacho que homologa o plano de recuperação constitui título executivo foram proferidos os acórdãos do TRP de 19/03/2018 (Relator: Augusto de Carvalho) e 01/11/2019 (Relator: João Venade), o ac. TRL de 12/09/2019 (Relator: Pedro Martins) e o ac. do TRG de 21/01/2016 (Relatora: Helena Melo).[52] Lê-se no dispositivo do acórdão

[51] SOUSA, MIGUEL TEIXEIRA, comentário ao Ac. do STJ de 9/4/2019, publicado no Blog do Instituto Português de Processo Civil em 27/09/2019.

[52] Assim também RITA MOTA SOARES, mas apenas quando o plano haja previsto alguma moratória ou perdão do crédito, nos demais caso defende a autora que não terá aplicação o disposto no artigo 218º do CIRE restando ao credor lançar mão do regime geral do incumprimento resolvendo, por incumprimento da devedora, o plano. Argumenta a autora que «o plano resulta de uma confluência de declarações de vontade que redefinem os direitos e obrigações das partes envolvida, resultando num negócio jurídico de carácter global

do TRP de 19/03/2018 que «Nos termos da alínea a) do artº 703º do C.P.C., apenas as sentenças condenatórias são exequíveis. Mas, como é unanimemente aceite, as sentenças homologatórias incluem-se no âmbito do citado preceito, dado serem também sentenças de condenação» e que «Na medida em que atribui força vinculativa ao entendimento estabelecido, a decisão homologatória do plano de revitalização do devedor a que se refere o artº 17º-F do CIRE inclui-se na categoria das sentenças condenatórias.» Ou seja, o tribunal, reconhecendo a natureza contratual do plano, reconhece e vinca a sua natureza de decisão judicial, considerando-o um negócio processual.[53] O tribunal inclui na categoria das sentenças condenatórias a sentença homologatória do plano de pagamentos nos termos do artº 233º, nº 1, alínea c), do CIRE que entende dever aplicar-se, por identidade de razão, à decisão homologatória do plano de revitalização. Considerou o tribunal haver «analogia substancial» entre o plano de insolvência e o plano de recuperação concluindo pela aplicação ao plano de recuperação do disposto no nº 1 do artº 218º e do disposto na alínea c) do nº 1 do artº 233º do CIRE, reconhecendo força executiva ao despacho que homologa o plano. Já no sumário do ac. do TRP de 07/11/2019 pode ler-se que «O plano de recuperação acima referido, juntamente com a decisão judicial homologatória do mesmo, a interpelação prevista no artº 218º, nº 1, a), do C.I.R.E. e eventualmente a lista definitiva de créditos admitidos, constitui título executivo para demandar o devedor nos termos que ali constem.»

Acompanhamos as decisões que atribuem ao despacho que homologa o plano de recuperação, complementado com a lista definitiva de créditos, força executiva, incluindo tal despacho na categoria das sentenças condenatórias, despacho que assim constitui título executivo. Efetivamente, iniciado o processo, cabe aos credores reclamar os respetivos créditos. Se o crédito é reclamado e não é impugnado pelo devedor, significa tal silêncio que o devedor o reconhece, circunstância que não pode deixar de ser valorada. Se o devedor reconhece o crédito, não o impugnando, pode considerar-se que a lista do qual o mesmo faz parte é, nessa medida e relativamente aos créditos não impugnados, definitiva e, caso o devedor venha

(porque inclui todos os sujeitos das relações jurídicas pertinentes), susceptível, como tal, de ser submetido àquele regime geral.» Cfr. Rita Mota Soares, *Renovado Processo especial de Revitalização.*, p. 44.

[53] Cf. artº 1248º do código civil.

a incumprir o estipulado no plano, não procedendo, mesmo após interpelação, ao pagamento da prestação ou prestações em divida acrescidas de juros moratórios, ficará sem efeito a moratória e o perdão previstos no plano, repristinando-se o créditos tal como previsto naquela lista definitiva – *Cf. nº 1 do artº 218º do CIRE* -, pelo que, parece-nos que o mencionado despacho, acompanhado da lista definitiva da qual conste o crédito reclamado e reconhecido (á falta de impugnação) e da prova da interpelação prevista no nº 1 do artº 218º do CIRE serão suficientes para que o credor possa interpor contra o devedor a correspondente ação executiva. Daqueles elementos resulta o reconhecimento, pelo devedor, de uma divida certa, líquida e exigível pelo que não vemos razão para, no caso de créditos não impugnados, não se aplicar analogicamente o disposto na alínea c) do nº 1 do artº 233º do CIRE.

Recusar essa aplicação analógica, e por essa via recusar reconhecer o despacho homologatório do plano de recuperação como título executivo, significaria impor ao credor a obrigação de propor contra o devedor ação declarativa com vista ao "reconhecimento" do seu crédito e à obtenção de título executivo. Recusar ao despacho que homologa o plano a qualidade de título executivo, relativamente a crédito que não tenha sido impugnado afrontaria os princípios da boa-fé, da proibição de atos inúteis e poria em causa o direito de acesso ao direito e aos tribunais, tendo presente o disposto na alínea c) do nº 9 do artº 17º-E do CIRE.

Com efeito, durante o período de suspensão das medidas de execução, nos termos dos nºs 1 e 2 do artº 17º-E do CIRE – um período de 4 meses após a nomeação do administrador judicial provisório, eventualmente prorrogável por mais um mês – suspendem-se os prazos de prescrição e de caducidade oponíveis pela empresa devedora. Ultrapassado aquele período retomam-se os prazos de prescrição e caducidade suspensos. Não se reconhecendo à sentença homologatória do plano de recuperação a qualidade de título executivo, à cautela, terá o credor, que ainda não disponha de título executivo, de propor, contra a devedora, ação declarativa de condenação com vista à obtenção de título, sob pena de o seu direito prescrever ou caducar e, em caso de incumprimento do plano, não ter meios de proceder à respetiva cobrança.

Note-se que a questão é particularmente relevante no caso de crédito de trabalhador cujo contrato de trabalho já tenha cessado uma vez que, o prazo de prescrição do crédito do trabalhador emergente de contrato de trabalho, da sua violação ou cessação prescreve decorrido um ano a partir do dia seguinte àquele em que cessou o contrato de trabalho conforme dispõe o nº 1 do artº 337º do Código do Trabalho (CT). Assim, e à cautela, teria o trabalhador que interpor a ação com vista à fixação judicial do seu direito.[54] Julgamos que a atuação do devedor no PER, designadamente a falta de impugnação de determinado crédito, não pode deixar de ser valorada como confissão e o crédito, assim confessado terá de se considerar definitivamente reconhecido, caso em que poderá a lista definitiva, juntamente com o despacho que homologa o plano e a interpelação ao cumprimento, servir de título executivo para a cobrança coerciva do crédito.

Evidentemente, no caso de crédito impugnado pelo devedor, terá o respetivo credor que interpor, contra aquele, ação declarativa com vista à fixação do seu direito de crédito, cujo pagamento será efetuado, posteriormente, nos termos do plano a que fica vinculado nos termos do disposto no nº 1 do artº 17º-F do CIRE.

Finalmente, resulta hoje claro da redação do nº 1 do artº 17º-E do CIRE que as únicas ações abrangidas pelo efeito suspensivo do despacho de nomeação do administrador judicial provisório são as ações executivas, excluindo-se as ações executivas movidas pelos trabalhadores para cobrança de créditos emergentes de contrato de trabalho, da sua violação ou cessação. Contudo, correndo, à data do início do PER, ação declarativa contra o devedor terá a homologação do plano algum efeito sobre aquela? Se perfilharmos o entendimento de que o despacho de homologação do plano não constitui título executivo teremos de dar resposta negativa à pergunta agora colocada sob pena de violação do direito de acesso ao direito e aos tribunais. Nessa hipótese, o trânsito em julgado do despacho de homologação do plano não determina a inutilidade superveniente da lide pois que o autor (credor) não obteve no PER o objetivo perseguido na ação, isto é, a condenação do devedor a reconhecer o seu direito de

[54] Seria de aplicar o disposto no nº 1 do artº 323º do Código Civil, atribuindo à reclamação de créditos por parte do trabalhador, no âmbito do PER, o efeito interruptivo da prescrição, correspondendo a manifestação da intenção do trabalhador exercer o direito e, eventualmente, atribuir aos pagamentos que o devedor efetuasse ao abrigo do plano efeito interruptivo por aplicação do disposto no nº 2 do artº 325º do Código Civil, no entanto, considerando que a esmagadora maioria dos planos prevê um período de carência, que, frequentemente, ultrapassa os 12 meses, o trabalhador, à cautela, seria forçado á interposição de ação declarativa para evitar a prescrição do seu direito.

crédito. Terá o credor interesse na manutenção da ação com vista à prolação de sentença condenatória que, indubitavelmente constituirá título executivo, necessário à efetivação do seu direito na eventualidade de o devedor incumprir o plano.[55]

Perfilhando o entendimento de que se o crédito não for impugnado fica definitivamente fixado/reconhecido então, transitada em julgado a sentença que homologue o plano, deverá a ação declarativa em curso ser extinta por inutilidade superveniente da lide se o crédito reclamado foi incluído na lista definitiva de créditos[56]. Evidentemente, tal apenas poderá suceder nas ações em que o trabalhador pede a condenação do devedor no pagamento de determinada quantia. No caso das ações de impugnação de despedimento, considerando que o crédito apenas se constituirá por efeito da, eventual, declaração de ilicitude, será sempre um crédito de constituição posterior ao despacho que nomeou o AJP e, por isso, não será abrangido pelo plano – Cf. nº 11 do artigo 17º-F do CIRE – pelo que o plano nenhum efeito deve ter sobre tais ações.[57]

Efetivamente, no domínio da legislação anterior, alguma jurisprudência entendia que as ações de impugnação da licitude do despedimento deveriam ser incluídas na previsão do nº 1 do artº 17º-E do CIRE sem restrições; outra jurisprudência defendia que as ações de impugnação da licitude do despedimento se incluiriam no âmbito da previsão do nº 1 do artº 17º-E do CIRE se o trabalhador, à data do início do PER, já tivesse optado pela indemnização substitutiva deixando de fora as demais. Da nossa parte defendíamos então, como agora, que a ação proposta pelo trabalhador impugnando a licitude do despedimento de que foi alvo não deverá sofrer qualquer efeito por força do recurso ao PER pela entidade empregadora. O que o trabalhador peticiona na ação de impugnação do despedimento é que o despedimento de que foi alvo seja julgado ilícito e é (apenas) por

[55] Sempre diremos que seria chocante que o devedor não impugnasse o crédito reclamado no PER, granjeando o apoio e adesão do credor ao plano proposto e, contestasse o valor do crédito peticionado na ação declarativa. Tal atuação, parece-nos, roçaria o abuso de direito podendo mesmo revestir litigância de má-fé.

[56] Se o crédito foi impugnado a ação terá de prosseguir, pois, a decisão proferida no PER relativamente à impugnação apenas tem efeitos Intra processo.

[57] Sobre os efeitos do PER (ou falta deles) nas ações de impugnação de despedimento ver Miranda, Marlene, *Repercussões do Processo Especial de Revitalização na efetividade dos créditos laborais*, pp. 168-176.

consequência dessa declaração de ilicitude que nascem na esfera jurídica do trabalhador diversos direitos. «O efeito jurídico pretendido pelo trabalhador é a declaração de ilicitude, o demais, a condenação do empregador no pagamento de indemnização por danos patrimoniais e não patrimoniais, que comprovadamente o despedimento tenha causado ao trabalhador, a condenação do empregador no pagamento dos salários intercalares (vencidos entre a data do despedimento e a do transito em julgado da decisão que julgou ilícito o despedimento) e a condenação do empregador a reintegrar o trabalhador ou a pagar-lhe a indemnização substitutiva (se o trabalhador tiver optado pela indemnização) decorre da declaração da ilicitude, depende dessa declaração e não sobrevive sem ela.»[58] Na verdade, o plano de recuperação apenas abrange créditos constituídos à data da prolação do despacho de admissão liminar, isso mesmo resulta inequivocamente do disposto no nº 11 do artº 17º-F, sendo que, no caso de impugnação de despedimento que venha a ser julgada procedente, os créditos do trabalhador daí decorrentes apenas se constituem com a declaração de ilicitude, donde, se o crédito não está constituído aquando do início do PER não pode ser reclamado, nem afetado pelo plano. Nessa conformidade, a ação de impugnação do despedimento não poderá ser extinta por efeito do trânsito em julgado do despacho que homologue o plano de recuperação. Note-se que, em consequência da declaração de ilicitude o trabalhador tem direito ao pagamento dos salários que se vençam entre a data do despedimento e o trânsito em julgado da sentença que declare a ilicitude, assim, o trânsito em julgado da sentença é também o momento a que se deve atender para a determinação do valor devido pelo empregador ao trabalhador tendo a data do trânsito efeito direto naquele cálculo e, bem assim, no cálculo da indemnização substitutiva, se o trabalhador optar pela mesma, dos proporcionais das férias não gozadas e dos subsídios de férias e de natal, pelo que a extinção prematura da ação conduziria, além do mais, a dificuldades no cálculo do crédito a receber pelo trabalhador.

Em suma, a ação de impugnação de despedimento não pode ser extinta em consequência do trânsito em julgado do despacho de homologação do plano de recuperação pois reconhece direitos de crédito ainda não constituídos à data do início do PER e que por isso não estão abrangidos pelo plano de recuperação.

[58] Miranda, Marlene, *Repercussões do Processo Especial de Revitalização na efetividade dos créditos laborais*, p. 174.

Capítulo 3
Efeitos Substantivos

3.1. Efeitos do PER na execução do contrato de trabalho: a suspensão e resolução do contrato de trabalho por iniciativa do trabalhador com fundamento na falta de pagamento pontual da retribuição

O contrato de trabalho é um contrato sinalagmático[59]. Á obrigação do trabalhador prestar o seu trabalho corresponde o dever de o empregador pagar, pontualmente, a retribuição acordada, constituindo esta a contrapartida patrimonial da atividade prestada pelo trabalhador e a principal obrigação que decorre do contrato de trabalho para o empregador. O trabalhador coloca a sua força de trabalho à disposição do empregador e este fica obrigado a pagar-lhe a retribuição.

De acordo com o disposto no nº 4 do artº 278º do CT a retribuição deve estar à disposição do trabalhador na data do vencimento ou em dia útil anterior, sendo que tal vencimento ocorrerá no final do período de trabalho a que respeita a prestação retributiva. Nessa conformidade, se por facto não imputável ao trabalhador, este não puder dispor da sua retribuição na data do vencimento, o empregador ficará constituído em mora.

Perante a falta de pagamento pontual da respetiva retribuição pode o trabalhador suspender o respetivo contrato de trabalho nos termos do disposto no artº 325º do CT[60]. Por outro lado, a suspensão do contrato de

[59] AMADO, JOÃO LEAL, *O contrato de trabalho*, p. 55.

[60] Estabelece o nº 1 do artº 325º do CT que «no caso de falta de pagamento pontual da retribuição por período de 15 dias sobre a data de vencimento, o trabalhador pode suspender o contrato de trabalho, mediante comunicação por escrito ao empregador e ao serviço com competência inspectiva do ministério responsável pela área laboral, com a antecedência mínima de oito dias em relação à data de início da suspensão.»

trabalho por iniciativa do trabalhador com fundamento na mora do empregador cessará, de acordo com o disposto no artº 327º do CT, por decisão do trabalhador, caso trabalhador e empregador cheguem a acordo para a regularização das retribuições em divida e juros de mora ou, caso o empregador proceda ao pagamento integral das retribuições em divida e juros de mora.

Como observa JOÃO LEAL AMADO[61] a «suspensão do contrato de trabalho por iniciativa do trabalhador, com base na falta de pagamento da retribuição, consiste numa modalidade atípica de suspensão contratual» considerando estar-se perante uma «adaptação da figura civilística da *exceção do não cumprimento do contrato* ao âmbito jus laboral.»[62] Efetivamente, a exceção do não cumprimento pressupõe a existência de obrigações com idêntico prazo de cumprimento e as obrigações que decorrem do contrato de trabalho para o empregador e para o trabalhador têm prazos de cumprimento diferentes, nascendo a obrigação de pagamento da retribuição (a cargo do empregador) quando já o trabalhador cumpriu integralmente a prestação correspondente, "tudo se renovando no mês seguinte".

Perante a falta de pagamento pontual da respetiva retribuição o trabalhador pode também resolver o contrato de trabalho. Dispõe o artº 394º do CT que, ocorrendo justa causa, o trabalhador pode fazer cessar imediatamente o contrato. MARIA DO ROSÁRIO PALMA RAMALHO refere que a resolução com justa causa é uma forma de cessação do contrato vinculada já que tem de ser fundamentada, regulando a lei os fundamentos admissíveis para tal resolução, o procedimento a que deve obedecer, a indemnização a que o trabalhador tem direito (quando aplicável) e a possibilidade de impugnação que assiste ao empregador e as respetivas consequências.[63]

[61] AMADO, JOÃO LEAL, *et al, Direito do Trabalho – Relação Individual,* Almedina, 2019, p. 907.

[62] Efetivamente, a exceção do não cumprimento típica pressupõe que estejam em causa prestações com o mesmo prazo para o respetivo cumprimento, o que não sucede no contrato de trabalho já que a obrigação do empregador pagar o salário ao trabalhador só se vence quando o trabalho está já prestado. Como refere JOÃO LEAL AMADO «a possibilidade de o trabalhador credor utilizar este mecanismo faz-se sentir ainda com maior intensidade do que sucede nas hipóteses diretamente contempladas no artigo 428º do CC. (isto é, nas hipóteses em que não haja prazos diferentes para o cumprimento) – na verdade, há-de convir-se que se revela mais iníquo não efetuar um pagamento anterior, pretendendo que se efetue um trabalho posterior ao ainda não pago, do que pretender que se cumpra uma obrigação com prazos de prestação idênticos, sem estar disposto a cumprir a própria.» Cfr. JOÃO LEAL AMADO, *A proteção do salário,* p. 106.

[63] RAMALHO, MARIA DO ROSÁRIO PALMA, *Tratado de Direito do Trabalho,* p. 939.

Uma vez que a obrigação de pagamento da retribuição decorre do contrato de trabalho a falta de pagamento corresponde ao incumprimento das obrigações assumidas pelo empregador no mencionado contrato, incumprimento que, nos termos do disposto no artº 799º n. 1 do CC, se presume culposo. A presunção de culpa prevista no artº 799º do CC é, contudo, uma presunção ilidível, admitindo-se, assim, que o empregador possa fazer prova do contrário, isto é, de que a falta de cumprimento pontual não decorre de culpa sua. Se, porém, a falta de pagamento pontual da retribuição se prolongar por período de 60 dias, presume-se, de forma inilidível, que a mesma decorre de culpa do empregador já que o artº 394º nº 5 do CT consagra uma presunção *juris et de jure* de culpa, isto é, uma presunção que não admite prova em contrário/presunção inilidível.

A falta culposa de pagamento pontual da retribuição devida ao trabalhador constituiu justa causa de resolução do contrato de trabalho por iniciativa do trabalhador tendo este direito a ser indemnizado nos termos previstos no artº 396º do CT[64].

Ora, quer a possibilidade de suspensão do contrato de trabalho, quer o direito à respetiva resolução com justa causa, constituem meios de defesa do trabalhador contra o incumprimento do empregador. Importa, assim, analisar se o recurso por parte do empregador ao PER, quando esteja em incumprimento perante os seus trabalhadores, isto é, quando existam já dividas aos trabalhadores, impede que estes suspendam ou resolvam os respetivos contratos de trabalho.

O despacho que nomeia o administrador marca o início de um período de 4 meses, prorrogável por mais um, durante o qual se suspendem as medidas de execução contra o devedor, prevendo o nº 10 do artº 17º-E do CIRE que durante aquele período «os credores não podem recusar cumprir, resolver, antecipar ou alterar unilateralmente contratos executórios essenciais em prejuízo da empresa, relativamente a dívidas constituídas antes da suspensão, quando o único fundamento seja o não pagamento das mesmas». Nos termos do disposto no nº 11 da mesma norma legal entende-se por contratos executórios essenciais os contratos de execução continuada necessários à continuação do exercício corrente da atividade

[64] A indemnização deve ser fixada entre 15 e 45 dias de retribuição base e diuturnidades por cada ano completo de antiguidade atendendo ao valor da retribuição auferida pelo trabalhador e ao grau de ilicitude do comportamento do empregador, mas que não pode ser inferior a 3 meses de retribuição base e diuturnidades.

da empresa, incluindo quaisquer contratos de fornecimento de bens ou serviços cuja suspensão levaria à paralisação da atividade da empresa.». Da norma citada resulta que, sendo a manutenção do contrato, e dos seus termos, essencial à atividade da empresa, ficam limitados, durante aquele período, os direitos de defesa e reação do credor que não pode opor ao devedor a exceção do não cumprimento[65], alterar preços ou outras condições ou mesmo resolver o contrato na ausência de outro fundamento que não seja a falta de pagamento[66].

A questão que se suscita é a de saber se a disciplina dos nºs 10 e 11 do artº 17º-E do CIRE abrange o contrato de trabalho ficando, por isso, o trabalhador impedido de suspender ou resolver o respetivo contrato de trabalho na hipótese de falta de pagamento da sua retribuição. A questão coloca-se, em relação às retribuições já constituídas/vencidas à data do início do PER, rectius, data da prolação do despacho previsto no nº 5 do artº 17º-C do CIRE e bem assim aos créditos retributivos constituídos após o início do PER, durante a vigência das medidas de suspensão apesar de, como resulta do nº 11 do artº 17º-F do CIRE, estes últimos não serem abrangidos pelo plano. A questão é saber se, faltando o empregador ao pagamento pontual da retribuição do trabalhador antes ou durante o período de vigência das medidas de suspensão, pode ou não o trabalhador, com fundamento nessa falta de pagamento pontual, suspender ou resolver o respetivo contrato de trabalho, ao abrigo do disposto nos artº 325º e 394º do CT, respetivamente, ou se porventura o contrato de trabalho se deve considerar incluído na previsão dos nºs 10 e 11 do artº 17º-E do CIRE, caso em que estaria o trabalhador impedido de o fazer.

Note-se que a redação dos nºs 10 e 11 do artº 17º-E do CIRE foi introduzida pela lei nº 9/2022, de 11 de janeiro. Sobre a questão, no domínio da legislação anterior, já nos havíamos pronunciado[67]. Defendíamos, então,

[65] A disciplina do nº 10 e 1 do artº 17-ºE do CIRE derroga assim o disposto nos artº s 428º, 429º e 780º, todos do código civil.

[66] Não sofre limitação a eventual, aplicação do disposto no artº 437º do Código Civil e a possibilidade de, ocorrendo alteração anormal das circunstâncias o credor resolver o contrato ou requerer a respetiva modificação. Sobre a figura Luís, Sandra dos Reis, *A alteração anormal das circunstâncias: o artº 437º do Código Civil e a situação pandémica: reflexos contratuais*, Revista JULGARonline, julho de 2020, 12 e Costa, Mariana Fontes da, *Da Alteração Superveniente das Circunstâncias*, Almedina, 2019

[67] Miranda, Marlene, *Repercussões do Processo Especial de Revitalização na efetividade dos créditos laborais*, p. 184-187.

que, não tendo o legislador previsto qualquer limite ou impedimento ao recurso, por parte de outros credores, à exceção do não cumprimento ou mesmo à resolução por incumprimento, com exceção da proibição de suspensão do fornecimento dos serviços públicos essenciais, também não haveria qualquer impedimento ou limitação à suspensão do contrato de trabalho por parte do trabalhador com fundamento na falta de pagamento pontual da respetiva retribuição. Nada no regime legal do PER parecia impedir o trabalhador de suspender ou resolver o respetivo contrato de trabalho por força da falta de pagamento pontual da respetiva retribuição.

Atualmente, e após as alterações introduzidas pela lei nº 9/2022 de 11 de janeiro, os credores (alguns credores) estão impedidos de recusar o cumprimento, resolver, antecipar ou alterar unilateralmente contratos executórios essenciais em prejuízo da empresa com fundamento no não pagamento das quantias em divida.

O legislador efetuou uma "tradução ao pé da letra" da diretiva introduzindo na legislação nacional a expressão "contratos executórios" pelo que, para caracterizarmos e circunscrevermos a figura temos de lançar mão da diretiva como elemento interpretativo, que no nº 5 do artº 2º define o contrato executório como «o contrato celebrado entre um devedor e um ou mais credores, ao abrigo do qual as partes têm ainda obrigações a cumprir no momento em que é concedida ou aplicada a suspensão das medidas de execução;» Estão, pois, necessariamente, em causa contratos sinalagmáticos em que nenhuma das partes cumpriu integralmente as respetivas obrigações[68], pelo que melhor andaria o legislador nacional se tivesse usado a expressão "negócios em curso" ou «contratos ainda não cumpridos», já conhecida do direito insolvencial português.[69]

Como observa Higina Castelo[70] não são executórios contratos integralmente cumpridos por ambas as partes, contratos unilaterais e contratos em que uma das partes já cumpriu integralmente a obrigação a que estava adstrita. Parece, pois, resultar da própria norma, se bem interpretada, que os contratos de trabalho estão excluídos do âmbito de aplicação da mesma já que, quando a obrigação de pagamento da retribuição nasce na esfera do empregador já o trabalhador cumpriu integralmente a contraprestação correspondente.

[68] Higina Castelo, *Contratos executórios e cláusulas ipso facto no âmbito do PER*, p. 836

[69] Cf. art. º 102º do CIRE.

[70] *Ob cit. p. 836.*

Por outro lado, de acordo com o nº 11 do artº 17º-E do CIRE são contratos executórios essenciais os contratos de execução continuada necessários à continuação do exercício corrente da atividade da empresa, incluindo quaisquer contratos de fornecimento de bens ou serviços cuja suspensão levaria à paralisação da atividade da empresa. Assim, além dos contratos de fornecimento de bens e serviços só estão abrangidos pelas restrições impostas no nº 10 do artº 17º-E do CIRE os contratos de execução continuada[71] e já não os contratos de execução periódica ou de trato sucessivo.[72]

Sendo o contrato de trabalho um contrato de execução sucessiva[73], que se prolonga no tempo, parece assim estar excluído do âmbito da aplicação do nº 10 do artº 17º-E do CIRE. Com efeito, como refere JOÃO LEAL AMADO[74] «o contrato de trabalho é um contrato duradouro cuja execução se protrai no tempo, traduzindo-se o seu cumprimento numa sucessão de actos», classificando-o assim como um contrato duradouro de trato suces-

[71] Quanto ao modo de realização temporal as prestações, e por consequência os contratos que as preveem, classificam-se em instantâneas ou duradouras. Segundo MÁRIO JÚLIO DE ALMEIDA COSTA «diz-se instantânea ou transeunte a prestação a executar num só momento, extinguindo-se a corresponde obrigação com esse único acto isolado de satisfação do interesse do credor». Já quando a prestação «não se circunscreva a uma actividade ou inactividade momentânea do devedor, antes de trate de um comportamento, positivo ou negativo, que se distenda no tempo, a prestação qualifica-se como duradoura. Neste conceito cabem duas variantes fundamentais: as prestações divididas e as continuativas.» Os contratos duradouros são vocacionados para durar, prolongando-se por um determinado período ou mesmo sem prazo, e nesse caso serão contratos por tempo indefinido. Os contratos duradouros podem ser de execução continuada, aqueles cujo cumprimento se prolonga ininterruptamente no tempo ou contratos com prestações periódicas (ou reiteradas ou com trato sucessivo), aqueles em que as prestações se renovam, em prestações singulares sucessivas, ao fim de períodos consecutivos. Cfr. MÁRIO JÚLIO DE ALMEIDA COSTA, *Direito das Obrigações*, p. 699.

[72] Nesse sentido, que acompanhamos, HIGINA CASTELO defende a autora que «o disposto no nº 11 do artº 17º-E reduz os contratos executórios essenciais a contratos de execução continuada, que como se sabe, são uma subespécie da categoria doutrinária dos contratos de execução duradoura, a par da outra subespécie: a dos contratos de execução periódica, também dita reiterada ou de trato sucessivo.» Cfr. HIGINA CASTELO, *Contratos executórios e cláusulas ipso facto no âmbito do PER.*

[73] Um contrato será caracterizado, quanto ao modo de realização temporal em função das obrigações principais que dele decorrem para as partes. Não sofrerá contestação a caracterização da obrigação do empregador pagar a retribuição como uma prestação periódica. Já no que se refere à prestação do trabalhador, a mesma é, apenas aparentemente, contínua já que também «As prestações do contrato de trabalho são escalonadas no tempo» -JORGE LEITE, *Direito do Trabalho – Notas sumárias.*

[74] AMADO, JOÃO LEAL, *Contrato de Trabalho*, p. 56.

sivo «cujo cumprimento se encontra escalonado e encadeado no tempo, sucedendo-se as respetivas prestações – de trabalho e de retribuição – umas às outras»[75]. Não pode, a nosso ver, considerar-se que o contrato de trabalho é um contrato de execução continuada[76], pelo que não estará abrangido pela previsão dos nºs 10 e 11 do artº 17º-E do CIRE. Se a prestação laboral é, indubitavelmente, essencial ao funcionamento de qualquer organização donde, da paralisação dos trabalhadores resultará a paralisação da atividade da empresa, em rigor, e atenta a sua natureza, o contrato de trabalho não parece estar incluído nos contratos executórios essenciais visados pela norma legal em análise.

Também a letra do nº 12 do artº 17º-E do CIRE abona a favor da não inclusão dos contratos de trabalho na disciplina do nº 10 e 11 da mesma norma legal. Efetivamente, os nºs 10, 11 e 12 do artº 17º-E do CIRE têm de ser vistos como um regime unitário, o n. º 10 e 11 prevendo as restrições e o nº 12 a compensação atribuída aos credores abrangidos por aquelas restrições. Ora, o nº 12 do artº 17º-E do CIRE refere que «o preço dos bens ou serviços[77] essenciais à atividade da empresa prestados durante o período referido no nº 10», cuja prestação o credor não pode recusar por força do disposto no mencionado nº 10, e «que não sejam objeto de pagamento é considerado dívida da massa insolvente, em insolvência da mesma empresa, que venha a ser decretada nos dois anos posteriores ao termo do

[75] Amado, João Leal, *A protecção do salário*, p. 80.

[76] Incluindo o contrato de trabalho nos contratos duradouros de execução continuada temos António Menezes Cordeiro, *Manual de Direito do Trabalho*, p. 519; Paula Quintas e Hélder Quintas, *Código do Trabalho, p* 101; Maria do Rosário Palma Ramalho, *Tratado de Direito do Trabalho*, p. 100; inserindo o contrato de trabalho na categoria dos contratos duradouros de trato sucessivo, além de João Leal Amado, *Contrato de Trabalho*, p. 56 também António Jorge da Mota Veiga, *Lições de Direito do Trabalho*, p. 360.
Refere João Leal Amado que «é sabido que o contrato de trabalho apresenta como uma das suas características mais relevantes a de ser um contrato de execução sucessiva. A obrigação retributiva, em particular, enquanto principal obrigação a cargo do empregador, insere-se na categoria das chamadas obrigações duradouras, mais concretamente na sua modalidade das obrigações periódicas ou reiteradas.» Cfr. João Leal Amado, *O incumprimento da Obrigação Retributiva*, pp 118-119.

[77] Não é de presumir que o legislador não se tenha expressado com rigor quando refere a prestação de serviços, devendo entender-se que restringiu o regime previsto no nº 12º do artº 17º-E ao contrato de fornecimento de bens e ao contrato de prestação de serviços, tanto mais que, de diversas normas do CIRE resulta que o legislador distingue claramente o contrato de trabalho do contrato de prestação de serviços.

período de suspensão previstos nos nºs 1 e 2.» Entendemos que, não configurando a prestação do trabalhador nem o fornecimento de um bem, nem a prestação de um serviço pelo qual o mesmo tenha direito a receber um preço, e não beneficiando por isso da qualificação como divida da massa insolvente atribuída pelo nº 12 do artº 17º-E do CIRE, não poderá o contrato de trabalho ser abrangido pelas restrições previstas no nº 10 daquela mesma norma legal.

Acresce que, a inclusão do contrato de trabalho no estatuído nos nºs 10 e 11 do artº 17º-E do CIRE seria contraditória com o restante regime de suspensão de medidas de execução. Na verdade, mal se compreenderia que o trabalhador não pudesse suspender o respetivo contrato de trabalho com fundamento na falta de pagamento pontual da sua retribuição quando, a pendência do processo não suspende, nem impede a propositura de ações executivas para cobrança de créditos emergente de contrato de trabalho, da sua violação ou da sua cessação. Entendemos, assim, que uma interpretação unitária das medidas de proteção do devedor durante a pendência do PER implica que se considere excluídos dessas medidas os trabalhadores e os seus créditos.

Essa conclusão parece poder retirar-se também do disposto no nº 4 do artº 7º da Diretiva. Efetivamente, estipula-se aí que «*Os estado-membros devem estabelecer regras que impeçam os credores aos quais se aplica a suspensão das medidas de execução de se recusarem a cumprir ou de resolverem, anteciparem ou, de qualquer outra forma, alterarem contratos executórios essenciais em prejuízo do devedor, relativamente a dividas contraídas antes da suspensão, pelo único facto de o devedor não as ter pago.*» Uma vez que os créditos laborais estão excluídos da suspensão de medidas de execução, podendo o trabalhador continuar a executar os respetivos créditos, de acordo com a letra da Diretiva, que aqui deve relevar como elemento interpretativo[78], o contrato de trabalho não pode ser considerado contrato executório essencial para efeitos da aplicação do regime previsto nos nºs 10, 11 e 12 do artº 17º-E do CIRE.

Não podemos perder de vista que, em caso de suspensão ou resolução do contrato de trabalho com fundamento na falta de pagamento pontual da

[78] Enquanto os Regulamentos são imediatamente aplicáveis na ordem jurídica interna dos países membros da União Europeia, as Diretivas necessitam de ser transpostas para a ordem jurídica interna de cada estado-membro através de um processo legislativo, o que não significa que não possamos, e devamos, lançar mão da Diretiva como elemento interpretativo da lei que a transpôs, no caso da Diretiva (EU) 2019/1023, a lei nº 9/2022 de 11 de janeiro.

retribuição o trabalhador poderá usufruir de medidas de proteção social[79] pelo que, se o legislador pretendesse impedir, ou passe o pleonasmo, suspender o direito de o trabalhador suspender ou resolver o contrato de trabalho, teria de, em obediência ao previsto na Diretiva (EU) 2019/1023, prever alguma medida de proteção do trabalhador nessa circunstância.

E não se diga que o fez por atribuir aos créditos decorrentes para o credor dessa "prestação forçada" a natureza de divida da massa insolvente, em caso de insolvência da empresa que venha a ser decretada nos dois anos posteriores ao termo do período de suspensão quer porque, como afirmamos, essa "classificação" não abrange os créditos retributivos – mas apenas o preço de bens fornecidos e serviços prestados – mas também, sobretudo, porque a natureza alimentícia do crédito retributivo não se compagina com uma "alegada" garantia que na realidade nada garante. É urgente o pagamento da retribuição pois é dela que o trabalhador retira o seu sustento e o sustento da sua família, e em última análise a sua sobrevivência.

Na verdade, o carácter alimentício da prestação retributiva justifica que o direito de o trabalhador suspender ou resolver o respetivo contrato de trabalho com fundamento na falta de pagamento pontual da retribuição se mantenha ainda que o empregador se apresente em juízo a requerer uma medida de restruturação preventiva, como é o caso do PER. O salário «constitui o principal, ou mesmo exclusivo, rendimento do trabalhador. Neste sentido, «o salário, se é certo que se não confunde com o direito à vida, traduz-se, porém, numa das suas mais significativas expressões, podendo dizer-se que constitui uma necessidade vital do trabalhador e da respetiva família. Por outro lado, o trabalhador, ao colocar a sua força de trabalho ao serviço de outrem, empenha a sua própria pessoa e deve receber, em troca, um salário suficiente a uma subsistência humanamente digna.» [80] O Trabalhador, além de depender economicamente do seu trabalho para sobreviver e assegurar o sustento do seu agregado familiar, envolve profundamente a sua própria pessoa na prestação do trabalho já que «a força de trabalho é uma qualidade inseparável da pessoa do trabalhador».[81]

[79] Cf. artº 25º da L nº 105/2009, de 14 de setembro que aprovou a Regulamentação do Código do Trabalho.

[80] LEITE, JORGE, *Direito do trabalho – Notas Sumárias das lições ao 3º ano jurídico da Faculdade de Direito da Universidade de Coimbra*, Coimbra, 1976, RED, Ad Perpetuam Rei Memoriam, ANO 2016, ISBN 9789897461088, página 119.

[81] AMADO, JOÃO LEAL, *Contrato de Trabalo*, p. 10.

Entendemos por isso que o trabalhador que, na data em que for proferido o despacho previsto no nº 5 do artº 17º-C do CIRE tiver salários em atraso (ou venha a ter, durante a pendência do PER, salários em atraso), poderá, desde que cumpridas as condições e requisitos previstos no artº 325º do CT, suspender o seu contrato de trabalho[82], do mesmo modo que, o trabalhador que, na mesma data, tenha o seu contrato suspenso em virtude da falta de pagamento pontual da respetiva retribuição, poderá manter aquela suspensão, que não cessa por mero efeito do recebimento do PER.

Homologado o plano de revitalização, e ainda que nele não se preveja o pagamento integral das retribuições em divida e juros de mora, a suspensão do contrato cessará e o trabalhador deve retornar ao posto de trabalho, por aplicação analógica do disposto na alínea c) do artº 327º do CT, devendo considerar-se cessada a suspensão assim que transite em julgado a decisão que homologou o plano. Evidentemente tal apenas sucederá relativamente à suspensão determinada pela falta de pagamento pontual da retribuição já constituída à data do início do PER e quanto a créditos reclamados pelo trabalhador no processo já que só estes créditos são abrangidos pelo plano nos termos do nº 11 do artigo 17º-F do CIRE. Se a suspensão tiver sido determinada com fundamento na falta de pagamento pontual de créditos retributivos constituídos e vencidos após na nomeação do AJP, não sendo tais créditos abrangidos pelo plano, a suspensão não cessará por efeito do transito em julgado do despacho que homologue o plano de recuperação e só cessará verificada alguma das circunstâncias previstas no artigo 327º do CT.

Por identidade de razões, verificados os circunstancialismos previstos no artº 394º do CT o trabalhador poderá resolver, com justa causa, o respetivo contrato de trabalho com fundamento na falta de pagamento pontual da retribuição mantendo o direito a ser indemnizado nos termos do disposto no artº 396º do CT.[83]

[82] Contra Ana Ribeiro da Costa, Costa, *Os créditos Laborais no processo especial de revitalização: breves notas e inquietações! VI Congresso Internacional de Ciências Jurídico-Empresariais*, p. 88.

[83] Note-se que, mesmo no caso da presunção de culpa prevista no artº 799º do CC, passível de prova em contrário, estamos em crer que a mera circunstância de o empregador enfrentar dificuldades económicas não bastará para afastar a presunção. Para afastar a culpa, competirá ao empregador provar que as dificuldades económicas que atravessa se devem a facto que lhe não é imputável. Nesse sentido cfr. ac. do TRL de 12/10/2016 (Filomena Manso) onde se

Importa fazer notar que, ocorrendo a resolução após a prolação do despacho que nomeia o administrador judicial provisório, os créditos que se vencem por força da cessação do contrato, designadamente a indemnização, não estarão abrangidos pelo plano por força do disposto no nº 11 do artº 17º-F do CIRE.

Finalmente, apesar de entendermos que as restrições previstas na lei não se aplicam ao contrato de trabalho sempre diremos que, em nossa opinião, a norma contida no nº 10º do artº 17º-E do CIRE é inconstitucional.

Dispõe o nº 12 do artº 17. -º E do CIRE que «O preço dos bens ou serviços essenciais à atividade da empresa prestados durante o período referido no nº 10 que não sejam objeto de pagamento é considerado divida da massa insolvente[84], em insolvência da mesma empresa, que venha a ser

lê: «Não basta a invocação pelo empregador de problemas de tesouraria para afastar o juízo de censura ético-jurídico em que se traduz a culpa pela falta de pagamento pontual das prestações salariais» e onde se argumenta que «no caso vertente apenas se provou qua as aludidas dificuldades de tesouraria se deveram à falta de pagamento de clientes a à existência de penhoras de contas bancárias. Mas só se a recorrida e os seus sócios gerentes conseguissem demonstrar que tudo fizeram para cobrar as dívidas dos clientes, sem o conseguirem, ou que as dívidas contraídas pela empresa e de que resultaram as penhoras dos saldos bancários não se deveram a atuação censurável dos seus gerentes e que estes atuaram, nas circunstâncias concretas, como o faria um "bom pai de família" na mira de cumprir pontualmente as suas obrigações salariais, só então a sua atuação seria insuscetível de um juízo de censura ou de reprovação.»

[84] Importa, para melhor compreender o alcance deste reforço de proteção do credor distinguir os créditos sobre a insolvência dos créditos sobre a massa insolvente. Decorre do nº 1 do artº 1º do CIRE que o processo de insolvência é um processo de execução universal, isto é, um processo que tem em vista a satisfação dos créditos da generalidade dos credores de determinada entidade. Declarada a insolvência todo o património do devedor passa a integrar a massa insolvente. A finalidade da massa insolvente é a satisfação dos credores que constitui, por isso, um património de afetação especial e um património separado. (Cf. SERRA, CATARINA, Lições de Direito da Insolvência, 2ª edição, Almedina, 2021, p. 62) Decorre do disposto no nº 1 do artº 46º, e bem assim, do nº 1 do artº 172º, ambos do CIRE, que, o pagamento dos credores do insolvente só se realiza depois de pagas as dividas da massa insolvente pelo que importa distinguir os créditos sobre a massa dos créditos sobre a insolvência sendo o regime de satisfação de uma e de outras diverso.

Das citadas normas deflui o *princípio da precipuidade* das dívidas da massa insolvente relativamente às dívidas da insolvência. Com efeito, o pagamento dos créditos sobre a insolvência só se realiza depois de terem sido pagas as dívidas da massa insolvente.

Por outro lado, e como decorre do nº 3 do artº 172º do CIRE, o pagamento das dívidas da massa insolvente tem lugar na data dos respetivos vencimentos qualquer que seja o estado do processo com a única limitação que decorre do disposto do nº 1 do artº 89º do CIRE que decretada nos dois anos posteriores ao termo do período de suspensão previsto nos nºs 1 e 2.» Se é certo que, se procurou reforçar as "garantias"

impede a propositura de ações executivas destinadas à cobrança de dívidas da massa insolvente nos primeiros três meses após a declaração de insolvência, estabelecendo uma moratória a favor da massa insolvente. Vigora assim, neste âmbito, um Princípio da Exequibilidade (Cf. Epifânio, Maria do Rosário, Manual de Direito da Insolvência, 8ª edição, Almedina, 2022, p. 299).
Da regra da pontualidade ou, segundo Maria do Rosário Epifânio, do Princípio da satisfação imediata, (Cf. Epifânio, Maria do Rosário, Manual de Direito da Insolvência, 8ª edição, Almedina, 2022, p. 298) decorre que o pagamento das dívidas se deve efetivar na data do respetivo vencimento pelo que, na eventualidade de a massa insolvente ser insuficiente para a satisfação da totalidade das respetivas dívidas, não há lugar à elaboração de qualquer rateio o que apenas sucederá relativamente a dividas em que coincida a data do vencimento. Assim se decidiu no acórdão do Tribunal da Relação de Guimarães de 07-10-2021 (Relator José Alberto Moreira Dias), onde se refere que «as dividas da massa insolvente encontram-se enunciadas a título exemplificativo, no art. 51º do CIRE e correspondem, grosso modo, a dividas que se constituíram após a declaração de insolvência do devedor e o respetivo pagamento apenas se encontra submetido ao regime da pontualidade previsto no art. 172º, nº 3 do CIRE, cumprindo ao administrador de insolvência pagá-las mal se vençam» e que só seria de realizar um rateio «caso se estivesse perante créditos de diversos credores sobre a massa insolvente que tivessem a mesma data de vencimento ou que, em caso de conflito, as sentenças que dirimiram esse conflito tivessem transitado em julgado na mesma data e caso o produto da venda da totalidade dos bens da massa insolvente não fossem suficiente para satisfazer a totalidade desses créditos» sobre a massa insolvente.
Resulta do exposto que o administrador de insolvência deve pagar as dívidas da massa na data do respetivo vencimento, pela ordem de vencimento, pagando primeiro a que primeiro se venceu, não se procedendo, em caso de insuficiência da massa insolvente para satisfação das suas dívidas, a um pagamento proporcional, a um rateio.
Pensamos, porém, que tal rateio, para pagamento de dívidas da massa insolvente, poderá impor-se se a massa insolvente for insuficiente para o integral pagamento das dívidas da massa insolvente constituídas ao abrigo do disposto no nº 12 do artº 17º-E e no nº 2 do artº 17º-H do CIRE, que analisaremos mais adiante neste estudo, ainda que tais créditos não tenham a mesma data de vencimento. Na verdade, aquelas dívidas da insolvente apenas assumem a natureza de dívidas da massa insolvente no momento da declaração de insolvência daí que, apenas passam a ser exigíveis como tal na data da declaração de insolvência, e que é a mesma para todas essas dívidas. Contra, David Sequeira Dinis – *Financiamento no quadro do Processo Especial de Revitalização* – entende que, também nesta sede, prevalece «o princípio do first come first served.
Além de regular o momento em que as dívidas da massa devem ser pagas o CIRE também prevê a forma como tal pagamento deve ocorrer, isto é, a ordem pela qual os diferentes bens são afetados ao pagamento. A esse propósito prevê o nº 2 do artº 172º do CIRE que, pelas dívidas da massa insolvente respondem, em primeiro lugar os rendimentos da massa insolvente. Podem estar em causa juros credores de eventuais aplicações financeiras ou depósitos bancários,

de ressarcimento a tais credores, a "certeza do pagamento" é apenas aparente pois depende da existência, na data da declaração de insolvência, de bens passiveis de apreensão e venda cujo valor seja suficiente para pagar todas as dividas da massa, o que nem sempre será o caso, com a agravante de que, além do preço dos bens ou serviços prestados durante o período de suspensão também são considerados dividas da massa insolvente, nos mesmos termos, os financiamentos intercalares e os financiamentos previstos no plano.[85] Pode, pois, dar-se o caso de a massa insolvente ser insuficiente para o pagamento das dívidas da massa insolvente e estes credores, obrigados a fornecer bens e a prestar serviços, não terão forma de ver os seus créditos pagos, créditos estes forçadamente constituídos, o que nos leva a questionar a eventual desconformidade da norma expressa no nº 10 do artº 17º-E do CIRE com a Lei Fundamental.

Na prática a norma em análise cria credores forçados[86], obrigando à prestação de bens e serviços, muitas vezes sem expectativa de recebimento,

rendas recebidas ou outras quantias recebidas em consequência da manutenção da exploração da empresa.

Na eventualidade dos rendimentos auferidos pela massa insolvente serem insuficientes para o pagamento das respetivas dividas, o excedente será imputado, proporcionalmente, ao produto de venda de cada bem, móvel ou imóvel com a ressalva de que, os bens objeto de garantia real, em princípio, responderão até um máximo correspondente a 10% do produto obtido com a respetiva venda. A imputação apenas excederá os 10% na medida do que se revele necessário para o pagamento integral das dívidas da massa insolvente (está em causa, segundo Maria do Rosário Epifânio, um Princípio da integralidade. Cf. Epifânio, Maria do Rosário, Manual de Direito da Insolvência, 8ª edição, Almedina, 2022, p. 299) ou na medida do que não impeça a satisfação integral dos créditos garantidos. Da norma resulta uma clara intenção do legislador em proteger especialmente os credores garantidos, atenta a prioridade de pagamento que a garantia lhes confere. Ora, ao limitar a imputação das dívidas da massa ao produto da venda dos bens onerados com garantias reais transfere-se essa responsabilidade para os bens desonerados que seriam afetos ao pagamento de todos os credores da insolvência e que vêm a sua expectativa de ressarcimento diminuir drasticamente.

As consequências para os credores da insolvência deste regime legal impõem que o administrador de insolvência seja especialmente cauteloso e criterioso no uso dos seus poderes de gestão e administração evitando onerar a massa insolvente devendo, a classificação de uma qualquer divida, como divida da massa insolvente ser excecional.

[85] Cf. nº 2 do artº 17º-H do CIRE.

[86] Suscitando várias dúvidas sobre a interpretação das normas em questão David Sequeira Dinis, *as alterações ao Processo especial de Revitalização: um novo Processo?* in "O Plano de recuperação e Resiliência para a Justiça Económica e a transposição da Diretiva 2019/1023, do Parlamento Europeu e do Conselho", E-book, Ministério da Justiça, 2021, P. 51 e Epifânio, Maria do Rosário, *Manual de Direito da Insolvência,* 8ª Edição, Almedina, 2022, p. 468.

na medida em que a "aparente" proteção prevista no nº 12 do artº 17º-E do CIRE pode revelar-se um "saco cheio de nada".[87] Assim, é legítimo questionar se a norma não será inconstitucional por violação do direito de propriedade previsto no artº 62º da CRP. Na verdade, o artº 62º, nº 1, da Constituição da República Portuguesa estabelece que a todos é garantido o direito a propriedade privada. Esta garantia constitucional do direito a propriedade privada implica e acarreta necessariamente consigo a garantia, constitucional também, do direito do credor à satisfação do seu crédito. Estamos em crer que o nº 10 do artº 17º-E do CIRE será inconstitucional por violação do direito de propriedade, na dimensão de direito de crédito, ao impor a prestação de bens e serviços sem qualquer garantia efetiva de ressarcimento.

Decidiu o Tribunal Constitucional, no Ac. nº 468/2022 que «No que concerne aos direitos de crédito, tem o Tribunal Constitucional afirmado, desde o Acórdão nº 494/94, que o direito do credor à satisfação do seu crédito está incluído no âmbito de proteção da garantia constitucional da propriedade: «Da garantia constitucional do direito de propriedade privada, há de, seguramente, extrair-se a garantia (constitucional também) o direito do credor à satisfação do seu crédito. E este direito há de, naturalmente, englobar a possibilidade da sua realização coativa, à custa do património do devedor». De igual modo se concluiu no Acórdão nº 218/2020: «da inclusão dos direitos patrimoniais privados, amplamente entendidos, no âmbito da garantia constitucional da propriedade, a consequência que este Tribunal vem extraindo é, pois, a garantia das posições jurídicas ativas de índole patrimonial, mormente do direito do credor à satisfação do seu crédito, nele incluindo a faculdade da sua realização coativa à custa do património do devedor (neste sentido, vide, ainda, Acórdãos nºs 349/91, 516/94, 374/03, 273/04, 620/04 e 178/07 e 235/2011)».

O TC adota uma conceção restritiva do objeto de tutela constitucional salientado que apenas são abrangidas pelo artº 62º da CRP as intervenções normativas que impliquem que o credor corra o risco (desproporcionado) de ver totalmente frustrada a possibilidade de satisfação do seu crédito. Estando em causa uma garantia patrimonial, o legislador tem ampla liberdade para escolher os meios de tutela do direito de crédito, ponderando os diferentes interesses em causa, pelo que, para ser coberta pela proteção

[87] Veja-se a hipótese de inexistência de bens passiveis de apreensão e liquidação.

constitucional da propriedade, não basta a afetação substancial da garantia. Assim, o Tribunal já considerou que limitações à extinção das obrigações por compensação (Acórdão nº 535/2001), à admissão do registo da ação pauliana (Acórdão nº 273/2004), ao arresto de ações (Acórdão nº 620/2004) ou decorrentes do direito de retenção (acórdão nº 698/2005), porque não vão ao ponto de determinar a privação do direito de crédito, não são objeto da tutela constitucional da propriedade.»

No caso da norma em análise pensamos que o risco de total frustração do direito de crédito é bem real pois ao credor é negado o recurso a diversos mecanismos de defesa do seu direito e em contrapartida, a "garantia" que lhe é oferecida pode não ser de qualquer valia bastando para tal a inexistência no património do devedor de bens a apreender e liquidar em futura insolvência ou a insuficiência desses bens atento o alargamento excessivo das dívidas que podem ser consideradas dividas da massa insolvente. Parece-nos, pois, clara a inconstitucionalidade. Aliás, a lei não faz depender a aplicação do disposto no nº 10 do artigo 17º-E do CIRE da existência, naquele momento, de bens no património do devedor que possam garantir o pagamento da divida, e que possa razoavelmente confiar-se que ainda existirão nesse património na data da eventual, futura declaração de insolvência.

Pensamos que a norma constante do nº 10 do artº 17º-E do CIRE põe também em causa o direito à livre iniciativa prevista no nº 1 do artº 61º da CRP que pressupõe liberdade de contratar ou recusar a contratação. Tal direito configura-se como um direito de natureza análogo à dos direitos, liberdades e garantias[88], não sendo, contudo, um direito absoluto, tendo de exercer-se nos quadros definidos pela Constituição e pela lei tendo em conta o interesse geral que, assim, condicionará o respetivo exercício e extensão.

Como pode ler-se no acórdão do Tribunal Constitucional nº 392/89 «O direito à iniciativa económica privada vem a traduzir-se num direito à livre criação de empresas e no direito, bem assim, de as gerir com autonomia, ou seja, sem interferências externas.

Isto não significa, como é óbvio, que o direito à iniciativa económica privada seja um direito «absoluto», cujo conteúdo esteja determinado «naturalmente».

[88] Beneficia por isso do regime dos direitos, liberdades e garantias previsto no artº 17º e artº 18º da CRP.

Para além de ter de conviver com outros direitos e de, logo por aí, haver de sofrer limitações, a iniciativa económica privada tem uma função social a cumprir: há-de ser «instrumento de progresso colectivo». E, depois, há-de exercer-se, embora livremente, «nos quadros definidos pela Constituição e pela lei». (...)

Corolário do direito de iniciativa económica privada é o princípio da livre contratação. Mas, a liberdade negocial, também ela, não é absoluta, antes sofre limitações várias, designadamente no que concerne ao contrato de trabalho, sujeito como está a várias normas legais imperativas.»

Aceitando-se que o legislador tenha, nesta matéria, margem ampla de conformação do direito em causa estamos em crer que a norma em análise – nº 10 do artº 17º-E do CIRE – afeta o próprio núcleo daquele direito de forma desproporcional não se identificando um interesse geral, imediato, que deve prevalecer, mas apenas um interesse particular, do devedor que caiu já em incumprimento.

Assim, parece-nos evidente que a norma em questão é inconstitucional.

De todo o modo, se aplicável aos contratos de trabalho seria também inconstitucional, por violação do disposto na alínea a) do nº 1 e do nº 3 do artº 59º da CRP. Com efeito, e como resulta da norma citada todos os trabalhadores, sem distinção de idade, sexo, raça, cidadania, território de origem, religião, convicções políticas ou ideológicas, têm direito à retribuição do trabalho, segundo a quantidade, natureza e qualidade sendo incompatível com esta garantia constitucional a prestação do trabalho sem garantia de retribuição. Se é certo que, apesar de a tal estar obrigado, o empregador pode incumprir a sua obrigação e faltar ao pagamento pontual da retribuição, o que está em causa na norma em análise é a exceção ao princípio de que os contratos devem ser pontualmente cumpridos, admitindo a lei que o empregador não cumpra a obrigação que para ele decorre do contrato de trabalho sem que fique sujeito às consequências que na lei se prevê para semelhante incumprimento. Assim se introduziria no contrato de trabalho ainda mais desequilíbrio do que aquele que, pela própria natureza da posição dos contraentes, já existe. Considerando a especificidade da prestação laboral, em que o trabalhador envolve profundamente a sua pessoa e o seu corpo, e o caráter alimentar da retribuição julgamos que, qualquer norma que ofereça ao empregador "um livre passe" para o incumprimento será desconforme à constituição. Na realidade, se o crédito laboral é, para o empregador, apenas mais um custo de produção, é para o trabalhador um crédito de sobrevivência e a essencialidade do crédito laboral para o trabalhador não pode ser esquecida quando se analisam as normas em confronto.

3.2. Efeitos do PER na cessação do contrato de trabalho: o despedimento coletivo

O regime jurídico da cessação do contrato de trabalho encontra-se balizado pelos princípios consagrados no artº 47º e no artº 53º da CRP, o princípio da liberdade de trabalho e profissão e o da segurança no emprego, dos quais decorre, como refere João Leal Amado a «nítida diferenciação de regimes, consoante a iniciativa da rutura contratual provenha do empregador (despedimento) ou do trabalhador (demissão).»[89]. Com efeito, dispõe o artº 53º da CRP que «É garantida aos trabalhadores a segurança no emprego, sendo proibidos os despedimentos sem justa causa ou por motivos políticos ou ideológicos». Assim, em obediência a tal princípio constitucional, e como refere o autor, «o despedimento é uma declaração vinculada, porque a validade do ato extintivo está condicionada à verificação de determinados motivos que a lei considera justificativos da cessação da relação de trabalho. Quando esses motivos existirem – e só quando existirem – o empregador terá então o direito de proceder ao despedimento do trabalhador, direito este que consiste, estruturalmente, num direito potestativo extintivo da relação jurídico-laboral (e não num qualquer direito subjetivo em sentido estrito)»[90].

Como refere Maria do Rosário Palma Ramalho «o princípio da segurança no emprego tem um conteúdo positivo e um conteúdo negativo: em termos positivos, este princípio garante aos trabalhadores a segurança no emprego; em termos negativos, o princípio consubstancia-se na proibição dos despedimentos sem justa causa ou por motivos políticos ou ideológicos.»[91]

Assim, a lei portuguesa proíbe os despedimentos *ad nutum,* isto é, só são admitidos os despedimentos com justa causa, justa causa que pode ser subjetiva – que têm por base comportamento ilícito e culposo do trabalhador – ou objetiva – porque não encontram justificação em nenhum

[89] Amado, João Leal, et al, *Direito do Trabalho,* p. 917.

[90] Amado, João Leal, et al, *Direito do Trabalho,* p. 918.

[91] Ramalho, Maria do Rosário Palma, *Tratado de Direito do Trabalho,* p. 742.

comportamento do trabalhador digno de censura, antes ocorrem apesar do comportamento do trabalhador e se fundam em motivos económicos relativos ao empregador. Assim, o despedimento pode ter causas objetivas, ligadas a questões de mercado, estruturais ou tecnológicas não tendo qualquer relação com algum comportamento culposo do trabalhador. É este o caso do despedimento coletivo.

De acordo com o nº 1 do artº 359º do CT «Considera-se despedimento colectivo a cessação de contratos de trabalho promovida pelo empregador e operada simultânea ou sucessivamente no período de três meses, abrangendo, pelo menos, dois ou cinco trabalhadores, conforme se trate, respetivamente, de microempresa ou de pequena empresa, por um lado, ou de média ou grande empresa, por outro, sempre que aquela ocorrência se fundamente em encerramento de uma ou várias secções ou estrutura equivalente ou redução do número de trabalhadores determinada por motivos de mercado, estruturais ou tecnológicos.»

O nº 2 da mesma norma legal esclarece que «Para efeitos do disposto no número anterior consideram-se, nomeadamente:

a) Motivos de mercado – redução da atividade da empresa provocada pela diminuição previsível da procura de bens ou serviços ou impossibilidade superveniente, prática ou legal, de colocar esses bens ou serviços no mercado;
b) Motivos estruturais – desequilíbrio económico-financeiro, mudança de atividade, reestruturação da organização produtiva ou substituição de produtos dominantes;
c) Motivos tecnológicos – alterações nas técnicas ou processos de fabrico, automatização de instrumentos de produção, de controlo ou de movimentação de cargas, bem como informatização de serviços ou automatização de meios de comunicação.

Como refere Catarina Gomes Santos «os fundamentos que permitem recorrer a esta modalidade de cessação do contrato de trabalho prendem-se, por um lado, com os motivos invocados para a eliminação do emprego, e, por outro, com o número de trabalhadores abrangidos por referência a determinado período temporal».[92]O campo privilegiado de aplicação do despedimento coletivo é, assim, o da "crise empresarial" sur-

[92] Amado, João Leal, et. al, *Direito do Trabalho*, p. 991.

gindo, amiúde, como mecanismo destinado à redução de custos com vista ao reequilíbrio financeiro da empresa. Refere Catarina Gomes Santos que «Da relativa amplitude com que são densificados os motivos que podem legitimar uma decisão de despedimento coletivo, é possível extrair a conclusão de que esta modalidade é legalmente perspetivada como uma medida de gestão tendente ao redimensionamento da empresa, perfeitamente legítima quer num quadro de crise empresarial, quer num quadro de simples reorientação estratégica da empresa.»[93]

Suscita-se assim a questão de saber se, recorrendo a empresa empregadora ao PER por estar, na letra da lei, em situação económica difícil, tal circunstância altera, nalguma medida, o procedimento e as regras aplicáveis ao despedimento coletivo. Importa saber, desde logo se, para justificar o despedimento coletivo, bastará à empresa alegar que se encontra em PER, estando assim "justificado" o recurso ao despedimento ou se, apesar da pendência do PER, terá de cumprir com rigor, todo o procedimento previsto nos artº s 360º a 363º do CT, designadamente quanto à alegação e justificação do motivo.

Quanto a esta questão somos levados a responder afirmativamente já que a situação de dificuldade económica não justifica *de per si* o despedimento coletivo antes tendo a empresa que alegar e demonstrar que, naquele contexto de dificuldade, o despedimento coletivo se revela necessário para mitigar tais dificuldades e permitir a viabilização da empresa. Efetivamente, é necessário demonstrar uma relação de causa-efeito entre a poupança de custos derivada do despedimento e a necessidade de reequilíbrio financeiro da empresa, isso mesmo vem sendo exigido pela jurisprudência[94] embora o critério dos tribunais seja, neste aspeto, bastante amplo. Na

[93] Amado, João Leal, et al, *Direito do Trabalho*, p. 996.

[94] Veja-se a propósito o Ac. do STJ de 26/11/2008 (Relator Pinto Hespanhol) em cujo sumário se pode ler: «1. No despedimento colectivo, os fundamentos da cessação de contratos de trabalho respeitam à empresa, relevam do conjunto de circunstâncias ou condições em que se desenvolve a actividade da própria organização produtiva. 2. Na apreciação da procedência dos fundamentos invocados para o despedimento colectivo, o tribunal deve proceder, à luz dos factos provados e com respeito pelos critérios de gestão da empresa, não só ao controlo da veracidade dos fundamentos invocados, mas também à verificação da existência de um nexo entre aqueles fundamentos e o despedimento, por forma a que, segundo juízos de razoabilidade, tais fundamentos sejam aptos a justificar a decisão de redução de pessoal através do despedimento colectivo. 3. Tendo-se apurado que não existe nexo de causalidade (relação causa-efeito) entre a poupança de custos derivados do despedimento e as alegadas

verdade, considera-se que a decisão de proceder ao despedimento coletivo corresponde em grande medida à execução de medidas de gestão que se encontram na esfera de atuação da empresa e, nessa medida, quase subtraídas à sindicância dos tribunais daí que a apreciação judicial incida, sobretudo na apreciação de vícios de forma /procedimentais. Contudo terá sempre de existir algum racional de coerência entre a medida do despedimento e o motivo invocado.[95]

Por outro lado, importa saber se o facto de a empresa se encontrar em PER justificará que o pagamento da compensação devida ao trabalhador por força do despedimento não seja disponibilizado até ao termo do prazo do aviso prévio sem que daí resulte a ilicitude do despedimento, isto é, se se pode prever o pagamento da compensação em prestações, de acordo com o estipulado no plano.

Dispõe o artº 363º nº 5 do CT que «O pagamento da compensação, dos créditos vencidos e dos exigíveis por efeito da cessação do contrato de trabalho deve ser efetuado até ao termo do prazo de aviso prévio, salvo em situação prevista no artº 347º ou regulada em legislação especial sobre recuperação de empresas e reestruturação de sectores económicos.» Paralelamente, o artº 383º do CT estipula que «o despedimento colectivo é ainda ilícito se o empregador: c) Não tiver posto à disposição do trabalhador despedido, até ao termo do prazo de aviso prévio, a compensação por ele devida a que se refere o artº 366º e os créditos vencidos ou exigíveis em virtude da cessação do contrato de trabalho, sem prejuízo do disposto na parte final do nº 5 do artº 363º»

Na verdade, de acordo com o disposto no artº 366º do CT, em caso de despedimento coletivo, o trabalhador tem direito a compensação correspondente a 12 dias de retribuição base e diuturnidades por cada ano completo de antiguidade. Tal compensação, e bem assim, os demais créditos vencidos em consequência da cessação do contrato de trabalho, tem que

necessidades de saneamento económico e financeiro do empregador, e que este, apesar de invocar como fundamento do despedimento o «desequilíbrio económico-financeiro» e a «redução de pessoal por motivos estruturais», procedeu, em simultâneo, à contratação de novos trabalhadores, cujos encargos superam os dos primeiros, mostram-se improcedentes os fundamentos invocados para o despedimento colectivo, que é de considerar ilícito.»

[95] O que estará totalmente fora de avaliação judicial será saber se a medida é oportuna porque esse juízo de oportunidade é um juízo da competência de quem tem a seu cargo a gestão da empresa.

ser paga ao trabalhador até ao termo do prazo de aviso prévio sob pena de, não o sendo, ser o despedimento considerado ilícito e o trabalhador ter direito a exigir a respetiva reintegração ou, optar por indemnização em substituição de reintegração a determinar, nos termos do disposto no artº 391º do CT[96], entre 15 e 45 dias de retribuição base e diuturnidades por casa ano completo ou fração de antiguidade. Resulta, pois, evidente que, o crédito que pode resultar para o trabalhador, no caso do despedimento coletivo é substancialmente inferior aquele a que poderá ter direito em consequência da declaração de ilicitude do despedimento.

Ora, no caso do despedimento coletivo determinado quando o empregador se encontre em situação de insolvência (artº 347º do CT) o pagamento da compensação não terá de ser colocado à disposição do trabalhador até ao termo do prazo do aviso prévio conforme dispõe o nº 5 do artº 363º, constituindo tal compensação, esclarece hoje[97] o artº 47º-A do CIRE, crédito sobre a insolvência, donde deve ser reclamado, nos termos do artº 128º do CIRE, se o despedimento ocorrer até ao termo do prazo fixado na sentença de declaração de insolvência para a reclamação dos créditos, ou nos termos do artº 146º e sgts. do CIRE. Assim, a falta de pagamento da compensação devida ao trabalhador em caso de despedimento coletivo, em processo de insolvência, não terá de ser paga até ao termo do prazo do aviso prévio, não determinando, essa falta de pagamento, a ilicitude do despedimento.[98] Questionamos assim se as exceções previstas na parte final do nº 5 do artigo 363º do CT são de aplicar no caso do PER e se, o empregador em PER poderá proceder ao despedimento coletivo de alguns dos seus trabalhadores e pagar-lhes a compensação nos termos a prever no plano para os créditos laborais.

Sobre a questão têm sido produzidas diversas e dispares decisões pelos tribunais.

[96] Além da reintegração ou indemnização em sua substituição, o trabalhador tem ainda direito a ser indemnizado por todos os danos patrimoniais ou não patrimoniais – artº 389º do CT – e direito a receber as retribuições que deixar de auferir desde o despedimento até ao trânsito em julgado da decisão do tribunal que declare a ilicitude do despedimento – artº 390º do CT.

[97] O artº 47º-A do CIRE foi introduzido pela lei nº 9/2022 de 11 de janeiro, pondo termo a querela doutrinária e jurisprudência sobre se a compensação devida ao trabalhador em caso de despedimento promovido pelo administrador de insolvência constituiria crédito sobre a insolvência ou crédito sobre a massa insolvente.

[98] A compensação será paga aquando da realização de pagamentos ao abrigo do disposto no artº 174º do CIRE ou em cumprimento de rateio, parcial ou final – artº 178º e 182º do CIRE.

No acórdão do TRG, de 02/02/2017 (Relator Antero Veiga) entendeu-se que «O nº 5 do Artº 363º do CT, que dispensa o empregador de colocar à disposição do trabalhador o valor da compensação pelo despedimento coletivo, sob pena de ilicitude, na situação prevista no Artº 347º ou regulada em legislação especial sobre recuperação de empresas e reestruturação de sectores económicos, não é aplicável no âmbito do PER se o despedimento ocorre sem que o trabalhador tenha tido possibilidade de intervir no processo e no plano de pagamento do seu crédito, tendo o despedimento ocorrido após aprovação do plano. O nº 5 do Artº 365º do CT, não é igualmente aplicável quando não existe qualquer PER à data do despedimento coletivo, mas apenas a intenção de o deduzir.

No caso de despedimento coletivo ocorrido já após aprovação do plano no PER, a entidade empregadora deve disponibilizar a compensação nos termos do Artº 366º do CT, sob pena de ilicitude do despedimento nos termos da al. c) do Artº 383 do CT.»

O tribunal afastou a aplicação ao PER da disciplina do artº 347º do CT, que é exclusiva da insolvência, entendendo que a recuperação referida na norma é apenas a que ocorra através da aprovação de um plano de insolvência e já não a que decorra no PER que se enquadra na referência "legislação especial sobre recuperação de empresas e reestruturação de sectores económicos". Assim, e porque as normas que regem o PER nada regulam sobre o despedimento coletivo entende-se que deverão ter plena aplicação as regras previstas no CT.

De igual modo se decidiu no Ac. do TRP de 17/12/2014 (Relator Eduardo Petersen Silva) defendendo-se que, apesar do plano prever o despedimento coletivo não poderia abranger créditos constituídos após a respetiva aprovação.

Também no Ac. do TRE de 19/12/2013 (Relator: José Feteira) se entendeu que «Enquanto condição de licitude de despedimento colectivo, a colocação à disposição dos trabalhadores despedidos dos créditos e compensação a que se alude na al. c) do art. 383º do Código do Trabalho, significa predispor-se o empregador a pagar a totalidade desses créditos e compensação aos trabalhadores envolvidos nesse despedimento e não apenas a pagar uma parte de qualquer deles; A circunstância de se haver requerido em tribunal, antes do despedimento, que fosse iniciado um Processo Especial de Revitalização (PER), processo que está em curso, de algum modo pode obstar à procedência da providência cautelar de suspensão de despedimento, já que, para além de nada se mostrar estabelecido nos artigos 34º e seguintes do Código de Processo do Trabalho que permita extrair uma tal conclusão, apenas a exequibilidade da decisão de suspensão do despedimento do trabalhador Requerente relativamente às retribuições que lhe estejam em dívida pela Requerida, poderá encontrar o obstáculo decorrente do disposto no art. 17º-E nº 1 do CIRE, quando conjugado com o disposto no art. 39º nº 2 do Cod. Proc. Trabalho;»

Diversamente, no Ac. do TRP de 19/04/2021 (Relatora Teresa Sá Lopes) entendeu-se que: «I – Verifica-se a exceção inserida na parte final do artº 383º, alínea c) do Código do Trabalho (CT) – ficando dispensada a exigência de colocar à disposição do trabalhador alvo de um despedimento coletivo a totalidade dos montantes em dívida até ao termo do prazo de aviso prévio – se a empregadora se submeteu a um Processo Especial de Revitalização (PER), no âmbito do qual foi decidido o despedimento coletivo, tendo este ficado previsto no plano de recuperação proposto e aprovado, tendo o trabalhador tido possibilidade de intervir no processo e no plano de pagamento do seu crédito. II – Ocorrendo a cessação dos contratos de trabalho antes do plano de recuperação da Ré/entidade patronal ter sido homologado por sentença no âmbito do PER, através de um procedimento de despedimento coletivo, o pagamento da compensação devida e dos créditos vencidos e exigíveis por efeito da cessação tem lugar no âmbito do PER (Artº 363, nº 5 do CT). III – Verificada aquela exceção ao dever do empregador de pagar até ao termo do prazo de aviso prévio a compensação e os créditos vencidos e exigíveis por efeito da cessação do contrato de trabalho, ao trabalhador abrangido pelo despedimento coletivo, a presunção prevista no Artº 366º, nº4 do Código do Trabalho, pode funcionar se ultrapassado aquele momento, como sucede no caso em que se previu o pagamento faseado da compensação pelo despedimento coletivo.»

E também assim no Ac. do TRL de 26/02/2020 (Relatora Maria José Costa Pinto) em cujo sumário se lê «Para se verificar a excepção ínsita na parte final do Artº 383.º, Alínea c) do Código do Trabalho, dispensando a exigência de colocar à disposição do trabalhador alvo de um despedimento colectivo a totalidade dos montantes em dívida até ao termo do prazo de aviso prévio, não basta que a empregadora se tenha submetido a um processo especial de revitalização, sendo ainda necessário que o despedimento colectivo seja decidido no âmbito desse processo e se mostre previsto no plano de recuperação proposto.»

Embora apreciando questão diversa entendeu-se no ac. do STJ de 31/05/2016 (Relatora Ana Luísa Geraldes) que ao despedimento coletivo decidido na pendência do PER era aplicável a exceção prevista na parte final do nº 5 do artº 363º do CT.[99]

Em nossa opinião a questão é complexa havendo que compatibilizar o que a respeito dita a legislação laboral e o objetivo recuperatório do PER o qual, em algumas circunstâncias, poderá exigir uma redefinição da força de trabalho. Ora, considerando que, nos termos do nº 11 do artº 17º-F do CIRE a decisão de homologação apenas vincula os credores relativamente aos créditos constituídos à data em que foi nomeado o administrador judicial provisório estamos em crer que, se na data daquela nomeação ainda não tiver sido proferida decisão de despedimento nos termos do disposto no artº 363º do CT, os créditos do trabalhador, resultantes dessa decisão, não serão abrangidos pelo plano e, nessa conformidade, se a compensação não for paga até ao termo do prazo do aviso prévio o despedimento terá de ser considerado ilícito.

De igual modo, se o empregador tiver promovido o despedimento coletivo e o termo do prazo do aviso prévio ocorrer antes de ser proferido o despacho de nomeação do AJP, terá o empregador de proceder ao pagamento da compensação no termo do prazo do aviso prévio sob pena de o despedimento ser considerado ilícito.

Assim, segundo julgamos, para que a falta de pagamento da compensação na data do termo do prazo do aviso prévio não determine a ilicitude do despedimento a decisão de despedimento terá de ser proferida entes da prolação do despacho que nomeia o AJP, mas o termo do prazo do aviso prévio terá de ocorrer após aquele despacho.

Pensamos que o termo do prazo do aviso prévio corresponde à data do vencimento do crédito compensatório mas o que releva para efeitos de inclusão de determinado crédito no plano não é a data do seu vencimento mas sim a data da respetiva constituição e, segundo pensamos, o crédito

[99] Estamos em total desacordo com o decidido no mencionado acórdão, porque o plano não pode abranger créditos de constituição posterior ao despacho que nomeia o AJP, porque os créditos resultantes do despedimento coletivo não podiam ser reclamados no PER por estar já ultrapassado o prazo e porque as ações de impugnação de despedimento não podem ser reconduzidas a ações de cobrança de dividas. A nossa posição a respeito, com mais detalhe, em Miranda, Marlene, *Repercussões do Processo Especial de Revitalização na efetividade dos créditos laborais.*

constituiu-se na data em que a decisão de despedimento é comunicada ao trabalhador e é dele conhecida, pois é nessa data que tal declaração, recepticia, se torna eficaz, embora o despedimento só venha a efetivamente acontecer, no termo do prazo do aviso prévio.

Com efeito, para que o crédito seja abrangido pelo plano, de acordo com o nº 11 do artº 17º-F do CIRE tem de estar constituído na data em que é proferido o despacho previsto no nº 5 do artº 17º-C do CIRE, mas não tem de estar vencido.

Concedemos, é certo, a falta de sólido suporte legal do que propomos, sobretudo, quando entendemos que o credor pode proceder à cobrança coerciva desse crédito, julgamos, porém, que seria excessivo cominar a falta de pagamento pontual da compensação com a ilicitude do despedimento que, poderia fazer perigar o objetivo recuperatório que preside ao PER. Entendemos que só esta solução permite compatibilizar as diversas normas em confronto, interpretando-as à luz dos objetivos que presidem a ambas os institutos: o despedimento coletivo, cujo procedimento visa proteger o trabalhador de despedimentos injustificados e o PER, que visa permitir a recuperação económica de empresa em dificuldades, mas ainda viável.[100]

Com efeito perdeu o legislador oportunidade de clarificar a questão na lei nº 9/2022 de 11 de janeiro pelo que estamos em crer que continuarão a ser proferidas diferentes e contraditórias decisões sobre a mesma.

Note-se que, o que propomos não impede que o trabalhador impugne o despedimento coletivo, com qualquer outro fundamento que não a disponibilização da compensação no termo do prazo do aviso prévio.

Se bem que se admite que, nas condições supra indicadas, a compensação possa não ser disponibilizada até ao termo do prazo do aviso prévio, sem que daí decorra a ilicitude do despedimento, aquela compensação terá de ser paga dentro dos seis meses posteriores à cessação do período de suspensão das medidas de execução previsto nos nºs 1 e 2 do artº 17º-E

[100] Não acompanhamos ANA RIBEIRO DA COSTA quando defende que o crédito do trabalhador, decorrente do despedimento, a realizar no futuro, deveria ser incluído no plano, sob condição, e para ser pago nos termos a prever no plano que assim se aplicaria a um crédito futuro. Parece-nos que a letra do nº 11 do artº 17º-F do CIRE impede expressamente uma semelhante solução. Cfr. Ana Ribeiro da Costa, *Os créditos Laborais no processo especial de revitalização: breves notas e inquietações! VI Congresso Internacional de Ciências Jurídico--Empresariais.*

do CIRE.[101] Assim terá de ser atento o disposto no nº 2 do artº 388º do CT e na alínea c) do nº 9 do artigo 17º-E do CIRE.[102]

Faltando o empregador ao pagamento da compensação nas condições que vierem a ser estipuladas deverá, então, o despedimento ser considerado ilícito por aplicação do disposto na alínea c) do artº 383º do CT.

Se o despedimento vier a ser declarado ilícito (por falta de pagamento da compensação nos termos previstos no plano ou pela verificação de qualquer outra das circunstâncias previstas no artigo 383º do CT), o crédito que daí resultar para o trabalhador não deverá considerar-se abrangido pelo plano por se tratar de crédito constituído após o despacho que nomeia o AJP. A "origem" do crédito é a declaração de ilicitude donde o crédito apenas se constitui no momento dessa declaração.[103] No caso de impugnação de despedimento que venha a ser julgada procedente, os créditos do trabalhador daí decorrentes apenas se constituem com a declaração de ilicitude, pelo que, se o crédito não está constituído aquando do início do PER, não pode ser reclamado nem incluído nos efeitos do plano.

3.3. O PER *vs.* recuperação da empresa mediante aprovação de plano de insolvência – efeitos processuais e substantivos

O objeto do presente estudo são os efeitos do PER e do plano de recuperação aí aprovado sobre o contrato de trabalho e os direitos do trabalhador, especialmente o direito de crédito do trabalhador. Contudo, para uma

[101] Quanto ao "prazo máximo" para o pagamento da compensação acompanhamos Ana Ribeiro da Costa, *Os créditos Laborais no processo especial de revitalização: breves notas e inquietações! VI Congresso Internacional de Ciências Jurídico-Empresariais,* p. 84.

[102] Nos termos do nº 2 do artº 388º do CT a ação de impugnação do despedimento coletivo deve ser intentada, sob pena de caducidade, no prazo de seis meses contados da cessação do contrato e por outro lado, correndo a cessação do contrato durante o período de suspensão das medidas de execução previsto nos nº s1 e 2 do artº 17º-E do CIRE aquele prazo de impugnação começará a sua contagem na data da cessação daquele período já que, nos termos da alínea c) do nº 9 do artº 17º-E do CIRE, durante o período de suspensão das medidas de execução suspendem-se todos os prazos de prescrição e de caducidade oponíveis pela empresa.

[103] Contra, no Ac. do TRP de 22/05/2019 (Jerónimo Freitas), onde, embora se tenha entendido que «o facto gerador do direito do autor a qualquer um desses créditos é a declaração de despedimento ilícito», considerou-se que «o crédito não está judicialmente reconhecido, não existe ainda, mas já existe o facto que lhe dá origem, ou seja, de onde nasce ou emerge esse direito». Decidiu-se assim que o crédito que resultou para o trabalhador da declaração de ilicitude do despedimento está abrangido pela previsão do nº 11 do artº 17º-F do CIRE e que por isso o trabalhador estaria vinculado ao plano homologado.

melhor compreensão da figura pensamos ser relevante compará-la com o plano de insolvência. Não curamos aqui de fazer uma análise exaustiva dos efeitos da declaração de insolvência e da recuperação pós-insolvencial da empresa sobre o contrato de trabalho e os direitos dos trabalhadores, efeitos que têm sido objeto de inúmeros e exaustivos estudos já publicados, buscamos apenas assinalar algumas das diferenças entre ambos os mecanismos de recuperação para melhor compreender o PER.

Com efeito, estabelece o nº 1 do artº 192º do CIRE que o pagamento dos créditos sobre a insolvência, a liquidação da massa insolvente e a sua repartição pelos credores da insolvência bem como as responsabilidades do devedor depois de findo o processo de insolvência podem ser regulados num plano de insolvência, em derrogação do que, por defeito, se prevê nas normas do CIRE. Daqui decorrer que a empresa insolvente pode ainda assim ser recuperada, mediante a aprovação de um plano de insolvência que, nesse caso, se designa de plano de recuperação. Por facilidade de exposição, e para o distinguir do plano de recuperação aprovado no PER, continuaremos, nesta sede, a designá-lo por plano de insolvência ainda que o mesmo vise a recuperação da empresa. Assim, a empresa em situação de insolvência atual pode ser recuperada mediante a aprovação de um plano de insolvência pelo que importa analisar quais os efeitos deste meio de recuperação no contrato de trabalho e nos direitos do trabalhador.

Importa ter presente que, declarada a insolvência da empresa devedora, todos os titulares de créditos de natureza patrimonial sobre o insolvente, ou garantidos por bens integrantes da massa insolvente, cujo fundamento seja anterior à data dessa declaração, são considerados credores da insolvência.[104]. Ora, considerando que a declaração de insolvência não faz extinguir o contrato de trabalho, os trabalhadores poderão assumir nos autos de insolvência a qualidade de credores da insolvência, mas poderão vir a deter, também, créditos sobre a massa insolvente.[105]

Estabelece o artº 81º do CIRE que a declaração de insolvência priva imediatamente o insolvente, por si ou pelos seus administradores, dos poderes de administração e disposição dos bens integrantes da massa insolvente, os quais passam a competir ao administrador de insolvência. Daqui decorre que, com exceção das situações em que a administração seja atribuída ao

[104] Cf. n. º 1 do art. º 47º do CIRE.

[105] Cf. art. º 51º do CIRE.

devedor nos termos do previsto nos art. ºs 223º a 229º do CIRE, os poderes e deveres que decorrem do contrato de trabalho para o empregador passam a ser exercidos pelo administrado judicial. Excecionando esta alteração, a declaração de insolvência do empregador não tem, imediatamente, qualquer outro efeito sobre os contratos de trabalho.

Na verdade, o CIRE não disciplina nem regula os efeitos da declaração de insolvência no contrato de trabalho. PEDRO ROMANO MARTINEZ[106] defende dever aplicar-se o disposto no artº 111º do CIRE, aplicável aos contratos de prestação duradoura de serviços que assim poderiam ser denunciados pelo trabalhador ou pelo empregador, este representado pelo AJ, ao abrigo do disposto no artº 108º do CIRE, com um prazo de aviso prévio de 60 dias, aplicando-se, no mais, o disposto no artº. 347º do CT. A posição é criticada por MARIA DO ROSÁRIO PALMA RAMALHO[107] quer porque o contrato de trabalho não se reconduz a um contrato de prestação de serviços, fazendo a lei civil clara distinção dos contratos (art. ºs 1152º e 1154º do CC.) mas também porque o próprio CIRE distingue o contrato de prestação de serviços do contrato de trabalho. Refere ainda a autora que previsão de um direito do AI livremente denunciar o contrato de trabalho não respeitaria a proibição dos despedimentos sem justa causa prevista no artigo 53º da CRP, suscitando-se, por isso, questões de constitucionalidade e porque, e aqui acompanhamos a autora, esta solução não tem em consideração a possibilidade de recuperação da empresa insolvente. Sublinha a autora que o reconhecimento desse direito de denúncia ao AI seria contraditório com o dever que sobre ele impende de continuar a exploração da empresa insolvente.[108]

A maioria da doutrina, que sufragamos, entende que deverá aplicar-se o artigo 347º do CT e que os efeitos da declaração de insolvência relativamente aos contratos de trabalho se regem exclusivamente pela lei laboral, sendo este o entendimento seguido pela maioria da jurisprudência. De acordo com o nº 1 do artº. 347º do CT a declaração de insolvência do empregador não faz cessar o contrato de trabalho que se mantém em execução. Os poderes e deveres que cabem ao empregador passam a caber ao AI que, está obrigado a satisfazer integralmente as obrigações para com os

[106] PEDRO ROMANO MARTINEZ, *Direito do Trabalho*, pp. 955-956.

[107] MARIA DO ROSÁRIO PALMA RAMALHO, *Aspectos laborais da insolvência*, p. 152-158.

[108] Cf. alínea b) do nº 1 do artigo 55º do CIRE.

trabalhadores enquanto o estabelecimento não for encerrado, ou seja, o AI continua obrigado ao pagamento pontual da retribuição do trabalhador que se vença após a declaração de insolvência cabendo-lhe também exercer os poderes diretivos e disciplinares.[109] Concluímos pois que o destino dos contratos de trabalho depende do próprio destino da empresa, como infra melhor analisaremos.

Importa antes de mais fazer uma breve referência ao destino de eventuais ações, declarativas e executivas, propostas pelo trabalhador contra o empregador caso sobrevenha a declaração de insolvência deste. Com efeito, declarada a insolvência da empresa as ações executivas que corram contra a mesma, para cobrança de créditos sobre a insolvência, suspendem-se, como estabelece o artigo 88º do CIRE e extinguir-se-ão quando for declarado o encerramento do processo de insolvência na sequência de rateio final (após a liquidação do ativo) ou quando se verifique a insuficiência da massa insolvente para satisfazer as custas do processo e restantes dividas da Massa Insolvente. Tais ações executivas também se extinguirão caso seja aprovado e homologado plano de insolvência exceto se este previr a respetiva continuação. Efetivamente, sendo redefinido o valor e a forma de pagamento do crédito, estaria em falta, pelo menos um dos pressupostos de que depende a ação executiva, a exigibilidade. Aquele efeito extintivo deverá, contudo, aguardar o trânsito em julgado do despacho de homologação. Por outro lado, e em caso de incumprimento do plano de insolvência nos termos do disposto no artº 218º do CIRE, poderia a instância executiva ser renovada nos termos do disposto no artº 850º do CPC. Em qualquer caso deve o credor reclamar o seu crédito nos termos do disposto no artigo 128º do CIRE.

E quanto às ações declarativas interpostas pelo trabalhador contra o empregador? Que efeito terá sobre ela a declaração de insolvência? A resposta a esta questão irá depender do pedido que nessas ações se pretenda fazer valer. Assim, se na ação o trabalhador peticiona o pagamento de créditos que detém sobre o empregador, entretanto declarado insolvente, considerando o disposto no artº 90º e no artº 128º do CIRE[110], deverá a ação ser extinta por inutilidade superveniente da lide.[111] Já a providência cau-

[109] Amado, João Leal, et al., *Direito do trabalho*, p. 934.

[110] Declarada a insolvência todos os credores da insolvência deverão reclamar os respetivos créditos nos termos do disposto no artigo 128º do CIRE.

[111] A título de exemplo veja-se o decidido no Ac. do TRL de 30/03/2017 (relator Ezagüy Martins)

telar de suspensão do despedimento interposta pelo trabalhador contra o empregador deverá prosseguir os seus termos, ainda que o empregador seja declarado insolvente, passando este a estar representado em juízo pelo AI nos termos do disposto dos nºs 1 e 4 do artº 81º do CIRE. Efetivamente, considerando que a declaração de insolvência não extingue os contratos de trabalho não deve a providência cautelar ser extinta. E a ação de impugnação de despedimento? Deverá a mesma prosseguir?

Como já referimos, na ação de impugnação da licitude do despedimento o trabalhador não está, em rigor, a reclamar um crédito sobre o seu empregador, o objetivo do trabalhador é ver declarada a ilicitude do despedimento, em consequência da qual nascerão na esfera jurídica do trabalhador alguns direitos, designadamente direitos de crédito. Sobre a questão pronunciou-se o STJ no AUJ nº 1/2014[112] onde se decidiu que «Transitada em julgado a sentença que declara a insolvência, fica impossibilitada de alcançar o seu efeito útil normal a acção declarativa proposta pelo credor contra o devedor, destinada a obter o reconhecimento do crédito peticionado, pelo que cumpre decretar a extinção da instância, por inutilidade superveniente da lide, nos termos da alínea e) do art. 287º do C.P.C.»

Estamos em crer que tal jurisprudência não é acertada e não protege, adequadamente os direitos do trabalhador. Com efeito, ainda que, à data da declaração de insolvência o trabalhador já tenha optado pela indemnização em substituição da reintegração, declarada a ilicitude do despedimento o trabalhador terá direito, além daquela indemnização aos salários que se venceram até ao transito em julgado da declaração de ilicitude pelo que o momento da prolação da sentença é também relevante para o cálculo do crédito a que o trabalhador terá direito. Procedendo a jurisprudência uniformizada o trabalhador teria de reclamar a totalidade dos seus créditos, mesmo aqueles que ainda não se venceram ou que estão sujeitos à condição suspensiva da declaração da ilicitude do despedimento e a questão da ilicitude teria de ser apreciada e decidida no processo de insolvência. Mas qual seria o valor do crédito? O trabalhador enfrentaria dificuldades na hora de "liquidar" o respetivo crédito[113] pelo que, embora

[112] Publicado no DR – 1ª Série, nº 39, de 25/02/2014.

[113] Tais dificuldades práticas são apontadas por ALEXANDRE SOVERAL MARTINS. Com efeito, se é certo que nas ações de impugnação de despedimento não se apreciam questões relativas a bens compreendidos na massa insolvente, e por isso, não seria de aplicar o disposto no artº 85º nº 1 do CIRE a verdade é que, por força do disposto no artº 90º do

o trabalhador tivesse de reclamar os seus créditos nos termos do disposto no artº 128º do CIRE, aqueles que decorreriam da eventual declaração de licitude seriam reclamados, sob condição – daquela ilicitude ser declarada –, e teriam que ser "liquidados", após aquela declaração. Parece-nos que a solução mais ajustada seria a ação de impugnação prosseguir, embora o trabalhador não estivesse dispensado de reclamar o seu crédito no processo de insolvência – aplicando-se o disposto no nº 1 do artº 50 do CIRE que considera serem créditos sobre condição suspensiva aqueles que se encontrem sujeitos à verificação de um acontecimento futuro e incerto por força de decisão judicial.

Note-se que o artigo 47º-A do CIRE, introduzido pela lei nº 9/2022 de 11 de janeiro, estabelece que os créditos compensatórios resultantes da cessação de contrato de trabalho pelo administrador de insolvência após a declaração de insolvência do devedor constituem créditos sobre a insolvência.[114] Ora, também a indemnização devida ao trabalhador em consequência da ilicitude do despedimento (ocorrido antes da declaração de insolvência) que venha a ser reconhecida, bem como os salários intercalares, isto é, as retribuições que o trabalhador deixou de auferir entre a data do despedimento e a data do "reconhecimento da ilicitude", devem considerar-se créditos sobre a insolvência.

Por maioria de razão, quando o trabalhador ainda não tiver optado pela indemnização em substituição da reintegração deve a ação prosseguir.

CIRE, os credores da insolvência devem exercer os seus direitos no processo de insolvência. A dificuldade está, como aponta ALEXANDRE SOVERAL MARTINS em saber que quantia irá o trabalhador reclamar a título de salários intercalares já que, no momento da reclamação apenas pode reclamar, sob condição de ser declarada a ilicitude, os salários que já se tiverem vencido uma vez que não sabe quantos ainda se vencerão até ao transito da sentença de verificação e graduação de créditos que apreciará e decidirá sobre a ilicitude do despedimento. Efetivamente, aquela sentença substituirá a sentença a proferir pelo Tribunal do trabalho, posto que o Tribunal onde corra o processo de insolvência será competente para apreciar todas as questões que interessem à insolvência. Cfr. ALEXANDRE SOVERAL MARTINS, *Um curso de Direito da Insolvência*, p. 123-124.

[114] A introdução no CIRE do artº 47º-A veio por termo a longa divergência doutrinária e jurisprudencial acerca da qualificação do crédito compensatório devido ao trabalhador em consequência da cessação do seu contrato de trabalho após a declaração de insolvência, decidida pelo AJ. Alguma jurisprudência considerava que tal crédito se deveria considerar crédito sobre a massa insolvente – Ac. do TRP de 28/10/2015 (relatora Paula Maria Roberto) – outra, que tal crédito deveria considerar-se crédito sobre a insolvência.

E se, na pendência da ação, for determinado o encerramento do estabelecimento. Considerando que o encerramento do estabelecimento determina a caducidade dos contratos de trabalho, como infra analisaremos com maior detalhe, irá impactar a ação de impugnação do despedimento que esteja pendente. Como referem João Leal Amado e Catarina Gomes Santos[115] o contrato de trabalho poderá extinguir-se antes de ser proferida decisão judicial em que se aprecie a (in)validade do despedimento em consequência da verificação de um qualquer facto extintivo do contrato de trabalho como a reforma do trabalhador, o óbito do trabalhador ou o encerramento do estabelecimento explorado pelo empregador. Assim, se, estando pendente a ação, for, entretanto, deliberado o encerramento da atividade desenvolvida pela insolvente, e o encerramento do estabelecimento por si explorado, o contrato de trabalho caducará pelo que, os salários intercalares devidos ao trabalhador serão contabilizados até à data em que aquele encerramento ocorrer. Por outro lado, na ação de impugnação do despedimento o trabalhador poderá, até ao termo da discussão em audiência final de julgamento, optar por indemnização em substituição da reintegração – Cf. artº. 391º do CT – mas se, antes de o trabalhador ter efetuado tal opção o estabelecimento explorado pela empregadora insolvente vier a ser encerrado, o contrato de trabalho caducará e o trabalhador não terá direito à indemnização prevista no citado artº 391º do CT, mas antes à compensação prevista no artº 366º do CT por força do disposto no nº 5 do artº 347 do CT. Acompanhamos assim João Leal Amado e Catarina Gomes Santos[116]. Referem os autores que «A indemnização de antiguidade analisa-se numa alternativa conferida pela lei a um trabalhador cujo contrato esteja em vigor (*rectius,* a um trabalhador que tenha visto o seu vínculo contratual ser reconstituído ou restaurado por força da decisão judicial que declarou a invalidade do despedimento), facultando-lhe a imediata extinção deste contrato, com direito a indemnização». Conclui-se por isso que, se no entretanto o contrato cessar por caducidade, em consequência do encerramento do estabelecimento explorado pelo empregador/insolvente não faz sentido falar em reintegração do trabalhador nem em indemnização em substituição desta já que deixa de haver possibilidade de o trabalhador optar, não há alternativa à cessação

[115] Amado, João Leal, et.al., *Direito do Trabalho,* p. 1081.
[116] Amado, João Leal, et. al, *Direito do Trabalho,* pp. 1098-1099.

do contrato. «A opção indemnizatória supõe a possibilidade reintegratória. Se esta não existir, outro tanto sucederá àquela.»[117]. Isto não quer dizer que o trabalhador não tenha direito a qualquer compensação pela cessação do contrato, significa apenas que a compensação há-de ser aquela que decorrer da caducidade do contrato e que está prevista no artigo 366º do CT.

*

Conforme já avançamos, a declaração de insolvência do empregador não extingue o contrato de trabalho, que se mantém em execução, passando os poderes e deveres que decorrem do contrato para o empregador a caber ao AJ. Assim, e enquanto o contrato se mantiver, está o AI obrigado a assegurar o pagamento pontual da retribuição devida ao trabalhador. Os créditos decorrentes da execução do contrato de trabalho que se vençam após a declaração de insolvência assumirão a natureza de dividas da massa insolvente.[118] Vale isto por dizer que, caso o AI não proceda ao pagamento pontual da retribuição devida ao trabalhador este pode, verificados os requisitos previstos no artigo 325º do CT, suspender o respetivo contrato de trabalho. Pode também, verificados os requisitos respetivos, resolver o contrato de trabalho com fundamento na falta de pagamento pontual da retribuição.

Poderá a falta de pagamento pontual da retribuição, nestas circunstâncias, considerar-se culposa? Julgamos que sim. Por um lado, decorrendo a obrigação de pagamento pontual da retribuição do contrato, o seu incumprimento presumir-se-á culposo, por aplicação do disposto no artº 799º do CC[119]. Se a falta de pagamento pontual se prolongar por período de 60 dias será considerada culposa, sem admissão de prova em contrário[120]. Na verdade, e como defluiu do disposto no artigo 55º do CIRE o AI deve agir de forma diligente evitando o agravamento da situação económica do devedor, pelo que, verificando a inexistência de fundos que lhe permitam

[117] AMADO, JOÃO LEAL, et.al., *Direito do Trabalho*, p. 1099.

[118] Nos termos do disposto no artigo 172º do CIRE as dividas da massa insolvente são pagas antes do pagamento dos créditos sobre a insolvência e devem ser pagas nas datas dos respetivos vencimentos, qualquer que seja o estado do processo, conforme estipula o nº 3 do artigo 172º do CIRE.

[119] Tal presunção é, contudo, ilidível admitindo prova em contrário.

[120] O nº 5 do artigo 394º do CT contém uma presunção inilidível de culpa.

efetuar o pagamento atempado/pontual das dividas da massa insolvente, designadamente da retribuição devida a trabalhadores deverá diligenciar no sentido de evitar a constituição de tais dividas, recorrendo, se for caso disso, à redução temporária do período normal de trabalho ou à suspensão do contrato de trabalho.

Se o trabalhador vier a resolver o respetivo contrato de trabalho com fundamento na falta culposa do pagamento pontual da retribuição vencida após a declaração de insolvência terá direito a ser indemnizado nos termos do disposto nos nºs 1 a 4 do artº 396º do CT. A indemnização devida ao trabalhador nessa hipótese constituirá divida da massa insolvente já que resulta da atuação do AI no exercício das suas funções.[121]

Conforme referimos, a regra, em caso de insolvência do empregador, é a da manutenção dos contratos de trabalho. É o que decorre do nº 1 do artigo 347º do CT. Segundo Maria do Rosário Palma Ramalho «o facto extintivo dos contratos em vigor na empresa não é a insolvência mas um facto extintivo autónomo e posterior: o encerramento definitivo do estabelecimento onde o trabalhador presta serviço.»[122] Deliberando a assembleia de credores[123] o encerramento da atividade da empresa, e o consequente encerramento do estabelecimento explorado por aquela, todos os contratos de trabalho cessarão por caducidade fundada na impossibilidade superveniente absoluta de o empregador continuar a receber a prestação do trabalhador.[124]

Estabelece o nº 3 do artigo 347º do CT que a cessação dos contratos de trabalho decorrente do encerramento do estabelecimento ou realizada nos termos do nº 2 deve ser antecedida do procedimento previsto para o despedimento coletivo com as necessárias adaptações. No caso da cessação de todos os contratos de trabalho motivada pelo encerramento do esta-

[121] Cf. alínea d) do nº 1 do artº 51º do CIRE.

[122] Ramalho, Maria do Rosário Palma, *Aspectos laborais da insolvência*, p. 155.

[123] De acordo com o disposto no artº 36º do CIRE, na sentença que declara a insolvência o juiz deve designar dia e hora para a realização da reunião da assembleia de credores ou prescindir da sua realização. Oito dias antes da data da assembleia ou do 45º dia subsequente à data da prolação da sentença o AI deve juntar aos autos relatório – *Cf. artº 155º do CIRE* – onde, entre outras referências, se pronuncia sobre aas perspetivas de manutenção da empresa, a conveniência de apresentação de um plano de insolvência. A Assembleia de credores apreciará o relatório e delibera sobre o encerramento ou manutenção em atividade do estabelecimento ou estabelecimento compreendidos na massa insolvente – *cf. nº 2 do artº 156º do CIRE.*

[124] Cf. alínea b) do artº 343º do CT.

belecimento o procedimento será deveras simplificado já que não há que indicar os critérios de seleção dos trabalhadores a despedir, uma vez que cessarão todos os contratos, bastando assim comunicar aos trabalhadores[125] a decisão de encerramento definitivo do estabelecimento e a consequente caducidade dos contratos de trabalho. A mencionada comunicação deverá ser efetuada com a antecedência prevista no nº 1 do artigo 363º do CT[126], aplicando-se o disposto no nº 4 da mesma norma legal, em caso de incumprimento do prazo de aviso prévio. Ocorrendo a caducidade dos contratos de trabalho na sequência do encerramento definitivo do estabelecimento os trabalhadores têm direito à compensação prevista no artº 366º do CT conforme estipula o nº 5 do artº 346º do CT.

Antes mesmo do encerramento definitivo do estabelecimento pode o administrador da insolvência fazer cessar o contrato de trabalho de trabalhador cuja colaboração não seja indispensável ao funcionamento da empresa – Cf. nº 2 do artº 347º do CT. A decisão de fazer cessar tais contratos de trabalho corresponderá ao exercício diligente das funções atribuídas ao AI conquanto que o contrato de trabalho assim cessado não seja, naquele momento, nem se preveja que venha a ser, indispensável ao funcionamento da empresa. Assim, a cessação de contrato de trabalho ao abrigo da previsão legal citada só deverá ocorrer, em princípio, quando se antecipe o encerramento definitivo do estabelecimento[127]. Com efeito, o poder de fazer cessar antecipadamente os contratos de trabalho nos ter-

[125] Diversos autores defendem que a eventual dispensa da fase de informação e consulta das estruturas representativas dos trabalhadores deverá ser aferida caso a caso, podendo assim haver circunstâncias em tais procedimentos continuem a justificar-se.

[126] Nesse sentido LEONOR PIZARRO MONTEIRO, *O trabalhador e a Insolvência da Entidade Empregadora*, p. 68; Também assim se entendeu no Ac. do TRL de 01/10/2019 (relatora Rosário Gonçalves): Também assim no Ac. do TRE de 14/02/2019 (relator Francisco Matos) e no Ac. do STJ de 30/05/2017 (relator José Rainho) onde se entendeu que o crédito decorrente da falta de cumprimento do aviso prévio constitui créditos sobre a insolvência.

[127] A redação do nº 2 do artº 347º do CT não é, a nosso ver, a mais feliz e tem originado interpretações divergentes. Para LEONOR PIZARRO a faculdade de o AI fazer cessar o contrato de trabalho de trabalhador cuja colaboração não seja indispensável ao funcionamento da empresa «existe quer o destino da empresa venha a ser o do seu encerramento, como a sua continuidade ou recuperação». Cfr. LEONOR PIZARRO MONTEIRO, *O trabalhador e a Insolvência da Entidade Empregadora, p. 36.* Diversamente, JOANA VASCONCELOS entende que o AI não poderá fazer cessar os contratos de trabalho nos termos expostos em caso de manutenção da atividade da empresa ou na hipótese da sua alienação/transmissão devendo tal cessação restringir-se aos casos em que o encerramento definitivo já se perspetiva (e possa,

mos previsto no nº 2 do artº 347º do CT não é um poder discricionário, trata-se, ainda assim, de uma forma de cessação do contrato de trabalho vinculada pois o AI só pode lançar mão dela se se verificar que o trabalhador cujo contrato de trabalho pretende fazer cessar não é indispensável ao funcionamento da empresa e esta "não indispensabilidade" é sempre passível de ser sindicada pelo trabalhador a quem tem que ser reconhecido o direito de impugnar tal despedimento[128]. Na verdade, o AI tem um especial dever de diligência, devendo prover à conservação e frutificação dos direitos do insolvente e à continuação da exploração da empresa. Assim, pode suceder que num determinado momento, e para manter em funcionamento a empresa (por exemplo enquanto decorrem prazos para apresentação e votação de um plano de insolvência) determinados trabalhadores não sejam indispensáveis (o que legitimaria a cessação dos respetivos contratos de trabalho) mas que sejam, indispensáveis, caso venha a ser aprovado plano de insolvência que preveja a continuidade da empresa em atividade. Não faria sentido, nem nos parece lícito, nessa hipótese, que o AI fizesse cessar tais contratos de trabalho para que, uma vez aprovado o plano, tivessem de ser contratados novos trabalhadores para exercer as funções que eram exercidas pelos trabalhadores dispensados. No caso, o exercício criterioso dos poderes concedidos ao AI poderá aconselhar a suspensão dos contratos de trabalho abstendo-se o AI de fazer cessar contratos de trabalho de trabalhadores que se podem vir a revelar essenciais para a execução de plano de insolvência a aprovar. Estando em causa uma forma de cessação do contrato de trabalho vinculada, cuja licitude está ligada à verificação dos requisitos de que depende, *in casu*, a não indispensabilidade do trabalhador para a continuação da exploração da empresa, pode o trabalhador afetado impugnar tal despedimento suscitando a apreciação judicial da respetiva licitude. Sendo o despedimento declarado ilícito os créditos que resultem dessa declaração serão, evidentemente, créditos sobre a massa insolvente.

Note-se que inexiste unanimidade na doutrina quanto à classificação desta forma de cessação do contrato de trabalho. PEDRO ROMANO MARTINEZ[129] considera-a uma forma de caducidade, incluindo-a na pre-

por exemplo, ainda não estar consumado por se aguardar a deliberação dos credores nesse sentido). Cfr. JOANA VASCONCELOS, *Insolvência do Empregador e contrato de trabalho*, p. 397.

[128] Nesse sentido veja-se o Ac. TRP de 19/03/2018 (Relatora Teresa Sá Lopes).

[129] PEDRO ROMANO MARTINEZ, *Direito do Trabalho, ob. cit.*, p. 876.

visão da alínea b) do artº 343-º do CT. Acompanhamos a maioria da doutrina que considera não estar em causa a caducidade do contrato[130] mas uma forma de cessação atípica, reconduzível à resolução, já que se trata, ainda assim, de um despedimento motivado, sendo o motivo a dispensabilidade do trabalhador para a continuação da exploração da empresa. Estamos assim perante uma justa causa objetiva de cessação do contrato de trabalho.

Finalmente, nos termos do nº 3 do artº 347º do CT a cessação do contrato de trabalho promovida pelo AI antes do encerramento definitivo da empresa deve ser antecedida do procedimento previsto para o despedimento coletivo com as necessárias adaptações. Se bem que o procedimento possa ser aligeirado será mais complexo do que aquele usado para a hipótese de caducidade dos contratos por efeito do encerramento definitivo do estabelecimento. Na verdade, o AI terá de dar a conhecer ao trabalhador os motivos do despedimento justificando porque considera que a manutenção do contrato não é indispensável à continuação da exploração da empresa. Não sendo abrangidos todos os trabalhadores será necessário dar a conhecer os critérios que presidiram à seleção dos trabalhadores cujos contratos cessarão. Também nesta hipótese terá de ser cumprido o prazo mínimo de aviso prévio e os trabalhadores despedidos terão direito à compensação prevista no artº 366º do CT.

A este propósito a jurisprudência vem entendendo, a nosso ver, mal, que o incumprimento pelo AI do procedimento de despedimento coletivo na hipótese prevista no nº 3 do artº 347º do CT não determina a ilicitude do despedimento e que a remissão que aí se faz para as normas que regem o despedimento coletivo tem apenas em vista fixar a compensação a que o trabalhador tem direito. Nesse sentido decidiu o Ac. do TRG de 17/12/2020[131]. Diversamente, no ac. do TRG de 15/03/2016 (relatora: Isabel

[130] João Leal Amado e Catarina Gomes Santos referem, julgamos que com acerto, que a receção da prestação continua a ser possível afigurando-se, contudo, não ser conveniente para a rentabilização e valorização da empresa. Cfr. João Leal Amado, et al, *Direito do trabalho*, p. 935.

[131] No sumário pode ler-se que «Não obstante a inobservância das exigências procedimentais (art. 346º, nº 3, do CT) e/ou do cumprimento do aviso prévio ou pagamento da compensação devida (art. 346º, nºs 4 e 5, do CT), a caducidade do contrato, por encerramento total e definitivo da empresa, operará de per se, indiferente a tais formalismos, cujo incumprimento não determina a aplicação das consequências da ilicitude do despedimento coletivo.»

Rocha)[132], que acompanhamos, entendeu-se que o incumprimento do procedimento deveria determinar a ilicitude do despedimento.

Note-se que, quer na hipótese da cessação do contrato de trabalho em caso de encerramento definitivo do estabelecimento, quer na hipótese do despedimento promovido pelo AI antes daquele encerramento, os créditos que decorram, para o trabalhador, da cessação do contrato de trabalho, constituem crédito sobre a insolvência nos termos do disposto no artº 47º-A do CIRE. Por outro lado, e como decorre do disposto no nº 5 do artº 363º do CT, os créditos emergentes da cessação dos contratos de trabalho nos termos do artº 347º do CT não têm de ser colocados à disposição do trabalhador até ao termo do prazo do aviso prévio.

Estas duas modalidades de cessação do contrato de trabalho são exclusivas do processo de insolvência não ocorrendo no âmbito do PER ao qual não se deve aplicar o artigo 347º do CIRE que expressamente se refere à situação de insolvência ou recuperação da empresa, mas nesta recuperação estará apenas em causa a recuperação que resulte da aprovação de um plano de insolvência.[133]

[132] No sumário do mencionado acórdão pode ler-se: I – O artº 347 nº 3 do Código do Trabalho aplicável nos casos de cessação do contrato de trabalho decorrente do encerramento do estabelecimento do estabelecimento definitivo em sede de insolvência rege que a cessação dos contratos de trabalho deve ser antecedidã do procedimento previsto no artº 360º relativo ao despedimento colectivo com as necessárias adaptações.
II – Não obstante, não constando da letra da norma do artº 347º CT, qualquer referência à consequência no caso de incumprimento das formalidades, temos para nós que a mesma deve ser objecto de interpretação extensiva no sentido de se considerar a aplicação do regime do despedimento colectivo no que concerne às consequências da omissão dos procedimentos, uma vez que, a razão de ser de tais procedimentos com as devidas adaptações é a mesma, ou seja, a protecção dos trabalhadores designadamente no que concerne aos seus direitos no caso concreto os direitos de créditos, decorrentes da extinção do contrato de trabalho, concluindo-se que a letra da seu texto fica aquém do espirito da lei, pois que a fórmula verbal adoptada peca por defeito, por dizer menos do que aquilo que pretendia (artº 9º do CC). Ou seja, a razão da obrigação das formalidades está indubitavelmente abrangida no espirito da lei, razão pela qual nem sequer estamos em face de uma qualquer lacuna da lei.
III – A norma do artº 388º do CT não substantiva, não tem cabimento quando os trabalhadores exercem os seus direitos de créditos em sede de insolvência, uma vez que artº 90º do CIRE dispõe que os credores da insolvência apenas poderão exercer os seus direitos em conformidade com os preceitos do presente Código.

[133] Nesse sentido Ac. do TRG, de 02/02/2017 (Relator Antero Veiga) referido no ponto 3.3 deste estudo.

Finalmente referir que, declarada a insolvência da empresa pode a sua administração ser atribuída ao devedor que continuará assim a gerir a empresa embora sob fiscalização do AI. Enquanto tal situação se mantiver o AI atuará como entidade fiscalizadora[134] mas não terá a seu cargo os poderes de gestão, pelo que se suscita a questão de saber se o devedor que se encontre a administrar a empresa insolvente pode fazer cessar os contratos de trabalho dos trabalhadores que não sejam indispensáveis á continuação da exploração da empresa, ao abrigo do disposto no nº 2 do artº 347º do CIRE; Com efeito, o elemento literal parece afastar qualquer interpretação no sentido de que aquela "nova" modalidade de cessação do contrato de trabalho esteja ao dispor do devedor, restando-lhe recorrer ao despedimento coletivo para fazer cessar os contratos de trabalho. Nessa circunstância, os créditos do trabalhador, decorrentes da cessação do contrato de trabalho constituiriam divida da massa insolvente – já que o artigo 47º-A do CIRE apenas refere a compensação devida pelos despedimentos operados pelo AI – e a compensação teria de ser disponibilizada ao trabalhador até ao termos do prazo do aviso prévio.

Pensamos que tal interpretação restritiva não seria coerente com o objetivo da norma: permitir um célere reajuste da força de trabalho e evitar a deterioração da situação económica da empresa, pelo que, ainda que com "autorização" do AI, nos parece que o devedor poderá fazer cessar antecipadamente – antes do encerramento definitivo – os contratos de trabalho de trabalhadores que considere não indispensáveis à manutenção da exploração da empresa.[135]

Importa aqui analisar o disposto no artº 47º-A do CIRE. A norma legal em causa classifica como crédito sobre a insolvência a compensação devida ao trabalhador em consequência da cessação do respetivo contrato de trabalho decidida pelo AI após a declaração de insolvência. Em primeiro lugar dizer que, segundo pensamos, no âmbito daquela norma não deverá incluir-se a compensação devida aos trabalhadores pela cessação dos contratos de trabalho que sejam celebrados pelo AI ao abrigo do disposto no nº 4 do artº 55º do CIRE, questão a que voltaremos mais adiante. A questão que se suscita é a de saber se também deverão ser considerados créditos sobre

[134] Cf. nº 1 do artº 226º do CIRE.

[135] Nesse sentido JOÃO LABAREDA e LUÍS A. CARVALHO FERNANDES, *Coletânea de Estudos sobre a insolvência*, p. 231.

a insolvência os créditos que decorram para o trabalhador da cessação do contrato de trabalho em consequência de despedimento coletivo previsto no plano de insolvência e se, a compensação devida nessa hipótese tem de ser colocada à disposição dos trabalhadores até ao termo do prazo de aviso prévio ou se o respetivo pagamento pode ser diferido no tempo em termos a prever no próprio plano de insolvência.

Note-se que, nessa hipótese não é o AI quem faz cessar os contratos de trabalho já que o plano de insolvência é aprovado, ou não, pelos credores reunidos em assembleia. Por outro lado, o nº 5 do artigo 363º do CT estipula que o pagamento da compensação devida e demais créditos vencidos e exigíveis por efeitos da cessação do contrato de trabalho no âmbito do despedimento coletivo deve ser efetuado até ao termo do prazo de aviso prévio sob pena de o despedimento ser considerado ilícito[136] excecionando apenas as situações previstas no artigo 347º do CT. Numa interpretação restrita das normas citadas seriamos levados a concluir que, apenas no caso de cessação do contrato por caducidade na sequência do encerramento definitivo do estabelecimento ou despedimento dos trabalhadores dispensáveis pelo AI aquele pagamento poderia ser diferido no tempo. Estando em causa créditos sobre a insolvência, teriam tais créditos que ser reclamados nos termos do artº 128º do CIRE ou 146º do CIRE, consoante o despedimento acontecesse antes de findo o prazo da reclamação de créditos previsto na sentença ou depois. Pensamos, contudo, que a exceção prevista na parte final do nº 5 do artigo 363º do CT e o disposto no artigo 47º-A do CIRE deve aplicar-se aos créditos do trabalhador vencidos e exigíveis por força de despedimento coletivo previsto no plano de insolvência. Note-se que os trabalhadores a despedir no âmbito do despedimento coletivo podem não ser, em rigor, não indispensáveis à manutenção da exploração da empresa atentos os motivos atendíveis para fundamentar o despedimento coletivo. Por outro lado, pode o despedimento coletivo integrar um plano de reestruturação da atividade empresarial a aplicar com determinada calendarização o que não se compagina com o despedimento, antecipado, dos trabalhadores pelo AI. Seria de inegável injustiça e violador do princípio da igualdade, classificar como crédito sobre a insolvência os créditos do trabalhador despedido pelo AI e como créditos sobre a massa insolvente aqueles outros decorrentes do despedimento coletivo previsto no plano

[136] Cf. alínea c) do artº 383º do CT.

de insolvência. Os créditos a que os trabalhadores terão direito por força do despedimento coletivo previsto no plano podem, e devem, ser reconhecidos no âmbito do processo de insolvência onde é possível reconhecer créditos sob condição suspensiva, ao contrário do que sucede no PER.

De todo o modo, os créditos decorrentes da execução do contrato de trabalho que se vençam entre a declaração de insolvência e a efetiva cessação do contrato de trabalho serão créditos sobre a massa insolvente seja qual for a forma da respetiva cessação.

Finalmente fará sentido uma referência à possibilidade de o AI contratar trabalhadores ao abrigo do disposto no nº 4 do artº 55º do CIRE que estabelece que o AI pode contratar a termo certo ou incerto os trabalhadores necessários à liquidação da massa insolvente ou à continuação da exploração da empresa, mas os novos contratos caducam no momento do encerramento definitivo do estabelecimento onde os trabalhadores prestam serviço, ou, salvo convenção em contrário, no da sua transmissão.

Joana Vasconcelos defende que tais contratos «não podem, obviamente, ser utilizados para assegurar indefinidamente a laboração» da empresa insolvente e apenas podem ser celebrados «quando a liquidação da massa insolvente e, sobretudo, a continuação da exploração da empresa se tal objectivo (v. g. por razões técnicas) ser alcançado com recurso aos efectivos disponíveis».[137] A verdade é que, não há qualquer referência ao destino dos contratos na hipótese de ser aprovado plano de insolvência tendo em vista a recuperação da empresa e que implique a continuação da atividade desta. Se é certo que o AI só deve recorrer à celebração daqueles contratos quando preveja a liquidação ou transmissão da empresa, a verdade é que pode suceder que, contra tais expectativas, venha a ser aprovado plano de insolvência tendente à recuperação da empresa. Ora, não havendo encerramento nem transmissão do estabelecimento em que o trabalhador preste a sua atividade o contrato manter-se-á em vigor cessando apenas se se verificar algum facto extintivo nos termos das regras previstas no CT para a cessação dos contratos a termo, sem qualquer especialidade. Aplica-se, sem restrição o previsto nos artº 344º e 345º do CT. Sobrevindo o encerramento definitivo do estabelecimento explorado pelo devedor insolvente os contratos caducarão inapeladamente. A compensa-

[137] Vasconcelos, Joana, *Insolvência do Empregador, Destino da Empresa e Destino dos contratos de Trabalho, ob. Cit.* p. 228.

ção a que o trabalhador tenha direito por força dessa cessação constituirá crédito sobre a massa insolvente por aplicação do disposto na alínea d) do nº 1 do artº 51, º do CIRE.

A possibilidade de o AI contratar novos trabalhadores ao abrigo do disposto no nº 4 do artº 55º do CIRE só deverá ser admitida quando a insolvente não tenha ao seu serviço os trabalhadores necessários e suficientes para as tarefas a realizar, sendo de excluir quanto o AI tenha feito cessar contratos de trabalho nos termos do disposto no artº 347º do CT.[138]

Finalmente, sendo a celebração destes contratos manifestamente excecional, a que o AI apenas pode recorrer quando preveja o encerramento definitivo ou a transmissão da empresa e sendo uma faculdade exclusivamente concedida ao AI – o que resulta desde logo de estar prevista na norma legal que rege as funções do AI – não tem aplicação no âmbito do PER.

[138] Nesse sentido LEONOR PIZARRO MONTEIRO, *O trabalhador e a Insolvência da Entidade Empregadora*, p. 48.

Capítulo 4
O Crédito Laboral e suas Garantias

4.1. Os privilégios creditórios

De acordo com o disposto no nº 2 do artº 17º-D do CIRE os credores dispõem de um prazo de 20 dias contados da publicação no portal *citius* do despacho que nomeia o AJP devendo remeter-lhe as respetivas reclamações de créditos.

Atualmente, a mencionada norma esclarece que, na reclamação, devem os credores indicar, relativamente aos créditos reclamados, a proveniência, data de vencimento, montante de capital e juros; as condições a que estejam subordinados, tanto suspensivas como resolutivas; a sua natureza comum, subordinada, privilegiada ou garantida, e, neste último caso, os bens ou direitos objeto da garantia e respetivos dados de identificação registal, se aplicável ; a existência de eventuais garantias pessoais, com identificação dos garantes; A taxa de juros moratórios aplicável.

A referência aos dados a indicar pelo credor na respetiva reclamação foi introduzida pela lei nº 9/2022 de 11 de janeiro e, tendo em conta a natureza e finalidades dos PER, algumas dessas indicações são carecidas de sentido.

Na verdade, e como referimos no capítulo precedente, uma vez que o plano apenas abrange créditos constituídos à data da nomeação do AJP não fará qualquer sentido reclamar um crédito sujeito a uma condição suspensiva. Se a condição já se verificou e o crédito já se constituiu e por isso será incluído no plano, é irrelevante a referência à condição a que esteve sujeito. Se a condição ainda não se verificou, o crédito ainda não está constituído e por isso, por aplicação do previsto no nº 11 do artº 17º-F do CIRE, não será abrangido nem afetado pelo plano pelo que não deve ser reclamado, nem incluído na Lista provisória de créditos a elaborar pelo AJP.

Se o crédito estiver sujeito a condição resolutiva, ainda não verificada, deverá ser reclamado[139] sendo certo que a referência à condição resolutiva só terá interesse se a mesma se vier a verificar antes da votação. Verificando-se a condição, o credor deixará de o ser e por isso perderá o direito de voto que lhe estava reconhecido.

Dispõe-se ainda que, no caso da existência de garantias pessoais, deve fazer-se menção delas na reclamação, com a identificação dos garantes. Na verdade, considerando que o plano de recuperação vincula a empresa devedora e os seus credores, mas que os garantes, que não são partes no processo nem nele intervêm a qualquer título, não podem opor a moratória ou perdão previsto no plano aos credores, parece-nos que esta menção é irrelevante.[140]

[139] Acompanhamos Nuno Salazar Casanova e David Sequeira Dinis quando restringem a possibilidade de reclamação aos créditos sob condição resolutiva, excluindo os sujeitos a condição suspensiva. Cfr. Nuno Salazar Casanova e David Sequeira Dinis, *PER – Processo Especial de Revitalização*, p. 58.

[140] Sobre a posição dos terceiros garantes veja-se, a título de exemplo, o AC. do TRG de 04/04/2017 (Relatora Eva Almeida) onde se refere que «As medidas com incidência sobre passivo de terceiros (ainda que correlacionados com a devedora, pois na maioria dos casos são precisamente os seus gerentes ou administradores quem prestam tais garantias) contempladas no Plano, devem ser consideradas ineficazes e inoponíveis aos credores que contra ele votaram, por extravasarem o objecto do Plano de Recuperação.» O nº 4 do artº 217º do CIRE prevê que «As providências previstas no plano de insolvência com incidência no passivo do devedor não afetam a existência nem o montante dos direitos dos credores da insolvência, designadamente os que votem favoravelmente o plano, contra os codevedores ou os terceiros garantes da obrigação, mas estes sujeitos apenas podem agir contra o devedor em via de regresso nos termos em que o credor da insolvência pudesse exercer contra ela os seus direitos.» Compulsada a norma e interpretada à luz das particularidades do PER e do disposto no nº 11 do artº 17º-F do CIRE estamos em crer que apenas a primeira parte se aplicará ao PER. Se é certo que o credor mantém incólumes os direitos de que dispunha contra codevedores e terceiros garantes, podendo exigir deles tudo aquilo por que respondem e no regime de responsabilidade originário, vindo a jurisprudência a entender que «o exercício consentido aos credores pelo artº 217º, nº 4 do CIRE não extravasa o limiar de risco que os garantes assumiram» estamos em crer que, uma vez que o crédito dos codevedores ou terceiros garantes sobre o devedor originário apenas nasce em consequência dos pagamentos que venham a efetuar ao credor – direito de regresso – está em causa um crédito futuro que por isso não pode ser abrangido pelo plano de recuperação. Se o terceiro garante ou codevedor já tiver, à data da nomeação do AJP efetuado algum pagamento em execução da garantia deverá reclamar o seu crédito para assim ser considerado no plano, mas, todas as quantias que venha a pagar ao credor após o despacho de nomeação do AJP serão um crédito futuro, excluído do plano donde não poderemos aplicar ao PER o último segmento o nº 4 do Artº 217º do CIRE. Em sentido contrário Epifânio, Maria do Rosário, *Manual de Direito da Insolvência*, p. 526.

O preceito refere também que deve ser indicada a natureza do crédito – comum, subordinada ou garantida, e no caso dos créditos garantidos devem indicar-se os bens ou direitos objeto da garantia.

Note-se que, uma vez que no âmbito do PER não ocorre qualquer liquidação de património a referência à natureza do crédito e aos bens sobre os quais incidam garantias releva para a avaliação do *best interest test* a realizar em obediência ao disposto no artº 216º do CIRE[141], para aferir do respeito pelo princípio da igualdade previsto no artº 194º do CIRE e bem assim, para aferir da existência de suficientes interesses em comum no caso da classificação dos credores em categorias. Assim, tendo a sua empregadora recorrido ao PER deve o trabalhador, no prazo, reclamar o respetivo crédito.

Nos termos do nº 1 do artº 333º do CT os créditos do trabalhador emergentes de contrato de trabalho, ou da sua violação ou cessação gozam dos seguintes privilégios creditórios: a) Privilégio mobiliário geral; b) Privilégio imobiliário especial sobre bem imóvel do empregador no qual o trabalhador presta a sua atividade.

Os créditos laborais gozam de privilégio creditório que incide sobre todos os bens móveis do empregador, que, de acordo com o nº 2 da mesma norma legal, é graduado antes dos créditos referidos no nº 1 do artº 747º do CC, mas sempre após créditos garantidos por penhor – artº 666º do CC – ou hipoteca (no caso de bens móveis sujeitos a registo) – artº 686º do CC.

Gozam ainda de privilégio imobiliário especial graduado antes de crédito referido no artº 748º do Código Civil e de crédito relativo a contribuição para a segurança social e de créditos garantidos por hipoteca ou direito de retenção.

Relativamente ao privilégio imobiliário previsto no artº 333º do CT importa tecer as seguintes considerações: Em primeiro lugar, estando em causa um privilégio especial, ligado a uma coisa identificável, estamos perante uma verdadeira garantia real. Se o privilégio geral não vale contra terceiro, titulares de direitos que, recaindo sobre coisas abrangidas pelo privilégio, sejam oponíveis ao exequente – artº 749º do CC – já o privilégio imobiliário especial, porque ligado a coisa determinada, é oponível a

[141] Trata-se de aferir se a situação do credor ao abrigo do plano é mais favorável do que seria num cenário de liquidação do ativo.

terceiros – artº 751º do CC -, gozando do direito de sequela[142], típico dos direitos reais, preferindo à consignação de rendimentos, à hipoteca e ao direito de retenção, ainda que estas garantias sejam anteriores. Em segundo lugar, a maioria da doutrina e da jurisprudência entendem que o privilégio abrange não apenas o concreto imóvel no qual o trabalhador tenha desenvolvido a sua atividade, mas todos os imóveis de que o empregador seja proprietário e que estejam afetos à atividade da empresa. Qualquer outra interpretação, que exigisse um vínculo estrito entre o trabalhador e um determinado imóvel, no qual aquele desempenhasse o seu trabalho, feria de morte o princípio da igualdade excluindo da proteção conferida pelo privilégio alguns trabalhadores, tratando de forma diferentes trabalhadores de um mesmo empregador o que seria manifestamente incompatível com a garantia constitucional prevista no nº 3 do artº 59º da CRP. Como refere Catarina Gomes Santos[143], a interpretação dominante vai no sentido de uma interpretação ampla do privilégio imobiliário especial «entendendo que este tem como objeto todos os imóveis afetos de forma estável e permanente à organização empresarial e que constituem o suporte físico da atividade da empresa.»

Catarina Gomes Santos e Rosário Palma Ramalho[144] sublinham que não se exige uma ligação física entre a atividade do trabalhador e um concreto bem imóvel pertencente ao empregador, mas sim uma ligação funcional do imóvel à organização do empregador em que se insere o trabalhador. Para Rosário Palma Ramalho o contrato de trabalho é um «contrato de inserção organizacional necessária» donde o que releva é a afetação do imóvel àquela organização, onde as relações laborais se desenvolvem, estando por isso excluídos do privilégio bens de uso pessoal ou afetos a outras atividades. Assim, em caso de execução ou insolvência, sendo penhorados/apreendidos bens do empregador afetos à sua organização, pelo produto resultante da venda de tais bens serão pagos, em primeiro lugar, os créditos dos trabalhadores.

A previsão dos mencionados privilégios mais não é do que a concretização da proteção constitucional conferida ao crédito laboral. Com efeito,

[142] O direito de sequela traduz-se no direito de o seu titular perseguir o objeto do seu direito ainda que o mesmo haja sido transferido a terceiro.

[143] João Leal Amado, et al, *Direito do trabalho*, p. 818.

[144] Ramalho, Maria do Rosário Palma, *Tratado de Direito do Trabalho*, p. 541.

o artº 59º da CRP prevê o direito do trabalhador à retribuição do seu trabalho e que os salários gozam de garantias especiais nos termos da lei. Tal proteção constitucional é imposta, desde logo, pelo caracter alimentício do crédito laboral a que já nos referimos anteriormente. É também esse caracter que justifica o princípio da irredutibilidade do salário – artº 129º nº 1 alínea d) do CT – a relativa intangibilidade da retribuição, a regra da inadmissibilidade da compensação integral da retribuição em divida com créditos da entidade patronal sobre o trabalhador, e a limitação da compensação ao valor de um sexto da retribuição nos contados caso em que tal compensação é permitida – artº 279º do CT – a relativa impenhorabilidade do crédito salarial – artº 738º nº 1 do CPC – e a insusceptibilidade de cessão – artº 280º do CT.

A retribuição é, frequentemente, o exclusivo rendimento de que dispõe o trabalhador para se sustentar e sustentar a sua família daí que a lei vise proteger tal crédito, proteção que assume, muitas vezes, a forma de limites impostos à atuação do empregador, até relativamente a bens que são da sua propriedade, mas que garantem, como vimos, os créditos dos trabalhadores. Efetivamente, o empregador que incumpra a obrigação de pagamento pontual da retribuição devida aos trabalhadores fica impedido de distribuir lucros ou dividendos, pagar suprimento e respetivos juros ou amortizar quotas sob qualquer forma; não pode remunerar membros dos corpos sociais por qualquer meio, em percentagem superior à paga aos respetivos trabalhadores; não pode comprar vender ações ou quotas próprias a membros dos órgãos sociais; fica impedido de efetuar pagamentos a credores não titulares de garantia ou privilégio com preferência em relação aos créditos dos trabalhadores, salvo se tais pagamentos se destinarem a permitir a atividade da empresa; os pagamentos efetuados aos trabalhadores têm que corresponder a rateio do montante disponível, na proporção das respetivas retribuições; ficam proibidas quaisquer liberalidades, qualquer que seja o título; fica proibido de renunciar a direitos com valor patrimonial; não pode celebrar contratos de mútuo na qualidade de mutuante nem proceder a levantamentos de tesouraria para fim alheio à atividade da empresa.[145]

Além disso, de acordo com o nº 2 do artº 324º do CT, qualquer ato de disposição do património da empresa praticado em situação de falta de

[145] Cf. Artº 313º do CT aplicável *ex vi* do disposto no nº 1 do Artº 324º do CT.

pagamento pontual de retribuições, ou nos seis meses anteriores é anulável nos termos do artº 314º do CT, ou seja, qualquer trabalhador poderá requerer a anulação de tal ato de disposição de património a título gratuito ou a título oneroso se do ato resultar uma diminuição da garantia patrimonial dos créditos dos trabalhadores.

Ora, colocam-se a propósito diversas questões a que procuraremos dar resposta: As garantias dos créditos laborais mantêm-se no âmbito do PER ou são afetadas pelo recurso por parte do empregador a tal instrumento de recuperação? As garantias previstas para os créditos laborais a que acima aludimos condicionam ou não, e se sim, em que medida, o conteúdo do plano?

Com efeito, o PER representa um verdadeiro "game changer" colocando, em nossa opinião, o trabalhador em situação de enorme desproteção, de tal sorte que questionamos a conformidade de algumas das normas legais que regem o PER com a CRP, questão a que nos referiremos adiante. Na verdade, determinadas ocorrências no âmbito do PER poderão determinar que, em futura insolvência do empregador, apesar de manterem os privilégios previstos no artº 333º do CT, os trabalhadores deixem de ocupar "o primeiro lugar na fila para os pagamentos". Com efeito, dispõe o nº 12 do artº 17º-E do CIRE que o preço dos bens e serviços essenciais à atividade da empresa prestados durante o período referido no nº 10, que não sejam objeto de pagamento, é considerado divida da massa insolvente, em insolvência da mesma empresa, que venha a ser decretada nos dois anos posteriores ao termo do período de suspensão previsto nos nºs 1 e 2. Paralelamente, o nº 2 do artº 17º-H do CIRE prevê que os credores[146] que, no decurso do processo ou em execução do plano de recuperação, financiem a atividade da empresa, disponibilizando-lhe capital para a sua revitalização, gozam de um crédito sobre a massa insolvente, até um valor correspondente a 25 % do passivo não subordinado da empresa à data da declaração de insolvência, caso venha a ser declarada a insolvência da empresa no prazo de dois anos a contar do trânsito em julgado da decisão

[146] Entendemos que a letra da lei obriga a que os financiadores sejam já, antes desse financiamento, credores da empresa. Contra, Epifânio, Maria do Rosário, *Manual de Direito da Insolvência*, p. 522 e Dinis, David Sequeira, *Standstill, cláusulas Ipso facto e new Money após a transposição da diretiva, As Alterações ao Processo Especial de Revitalização: um novo processo? In: Plano re Recuperação e Resiliência para a Justiça Económica e a transposição de Diretiva 2019/1023*, pp. 57 e 58.

de homologação do plano de recuperação, acrescentando o nº 3 que os créditos disponibilizados a empresas nas condições do número anterior, acima do valor nele referido, gozam de um privilégio creditório mobiliário geral, graduado antes do privilégio creditório mobiliário geral concedido aos trabalhadores.

Nos termos do nº 4 da mesma disposição legal gozam do privilégio referido no número anterior os créditos decorrentes de financiamento disponibilizado à empresa por credores, sócios, acionistas e quaisquer outras pessoas especialmente relacionadas com a empresa em execução do plano de recuperação.

Adicionalmente e, nos termos do nº 5 do artº 17º-H do CIRE os atos de financiamento referidos nos números anteriores não podem ser objeto de impugnação pauliana. E, nos termos do nº 6 o novo financiamento (previsto no plano) e o financiamento intercalar (a que a empresa recorre enquanto o processo está em curso) não podem ser declarados nulos, anuláveis ou insuscetíveis de execução.

Da leitura das normas acima mencionadas resulta claramente que a posição dos trabalhadores saiu muitíssimo fragilizada podendo mesmo a aplicação destas normas representar a inutilidade das garantias reconhecidas aos créditos laborais.

Diga-se em primeiro lugar, por referência ao nº 12 do artº 17º-E do CIRE que a lei não concretiza que bens e serviços são essenciais à atividade da empresa, contendo um conceito indeterminado[147]. Se é certo que devem estar em causa bens e serviços que, caso não sejam fornecidos ou prestados conduziriam à paralisação da atividade da empresa, estaremos sempre perante uma avaliação demasiado subjetiva tendo em conta os interesses aqui em presença e os direitos que podem ser afetados.[148]

Os créditos correspondentes ao preço dos bens e serviços que se reputem essenciais à atividade da empresa passarão a ser considerados dividas da massa insolvente, caso a empresa venha a ser declarada insolvente nos dois anos seguintes, o mesmo sucedendo relativamente aos financiamentos que venham a ser disponibilizados à empresa, até um valor que

[147] Sobre a densificação do conceito ver Epifânio, Maria do Rosário, *Manual de Direito da Insolvência*, p. 465-469.

[148] Entendemos que o critério para que o fornecimento de determinado bem ou a prestação de determinado serviço possam ser abrangidos por este regime tem de ser o da sua indispensabilidade.

corresponda a 25% do passivo não subordinado da empresa à data da declaração de insolvência sendo que o crédito que exceda os mencionados 25% e bem assim, os créditos decorrentes de financiamentos disponibilizados por pessoa especialmente relacionada com a empresa, goza de privilégio mobiliário geral a graduar antes do privilégio reconhecido aos trabalhadores.

Fácil é concluir que, por força deste novo regime legal, pode suceder que os trabalhadores não logrem obter o pagamento de qualquer quantia se a empresa incumprir o plano e a sua insolvência vier a ser declarada dentro do período referidos nas normas legais citadas. É que, nos termos do disposto no artº 172º do CIRE as dívidas da massa insolvente saem precípuas do produto da liquidação do ativo, isto é, são pagas antes de qualquer crédito sobre a insolvência. Pode assim suceder que a massa insolvente já nasça, ela própria insolvente, quando a insolvência for declarada.[149] Assim, e em termos práticos, o novo regime legal pode representar a "extinção" das garantias concedidas aos créditos laborais em violação do disposto no artº 59º da CRP e bem assim, do disposto no artº 62º da CRP que, como já referimos, implica e acarreta a garantia do direito do credor à satisfação do seu crédito. Estamos em crer que a disciplina introduzida pelos nºs 12 do artº 17º-E do CIRE e pelo artº 17º-H do CIRE será inconstitucional, também, por violação do direito de propriedade na dimensão de direito de crédito por implicar sério e fundado risco do credor, designadamente o trabalhador, ver totalmente frustrada a possibilidade de satisfação do seu

[149] Note-se que o crédito é considerado divida da MI até ao valor correspondente a 25% do passivo. Ora, 25% do passivo pode até ultrapassar o valor de todo o ativo a liquidar o que torna este novo regime verdadeiramente inaceitável por colocar totalmente em risco o ressarcimento dos credores da insolvência, particularmente dos trabalhadores, que tinham, até à entrada em vigor da lei nº 9/2022, legitima expectativa de serem ressarcidos em caso de insolvência da sua empregadora pelo produto da venda dos respetivos bens. *De iure condendo* pensamos que o objetivo de incentivar o financiamento das empresas em PER poderia ser atingido, prevendo que o valor financiado (seja no caso de financiamento intercalar, seja no caso de financiamento previsto no plano) fosse considerado divida da MI até um valor máximo que correspondesse a 10% do valor da receita apurada na liquidação do ativo, circunstância em que apenas se restringiria o ressarcimento dos credores da insolvência sem, contudo, impedir tal ressarcimento como pode suceder no caso o regime previsto pela lei nº 9/2022. Por outro lado, e no que se refere ao financiamento intercalar pensamos que o mesmo deveria estar sujeito a prévio controlo judicial, devendo, em qualquer caso, revelar-se indispensável à manutenção da atividade da empresa.

crédito. A nosso ver, as normas legais a que aludimos são inconstitucionais por violação do direito dos trabalhadores à retribuição do seu trabalho, quando da aplicação das mesmas resulte o esgotamento do produto da alienação dos bens do empregador na satisfação das dívidas da massa constituídas ao abrigo daquelas normas e o esvaziamento total das garantias reconhecidas aos créditos laborais.

O artº 59º da CRP (nº 1 alínea a)) consagra o direito à retribuição do trabalho, como direito fundamental do trabalhador, para assegurar uma existência condigna ao trabalhador, direito considerado pelo Tribunal Constitucional como direito de natureza análoga aos direitos, liberdades e garantias. A retribuição da prestação laboral, quer na sua causa, quer na sua destinação típica, está intimamente ligada à pessoa do trabalhador correspondendo à contrapartida da disponibilização da sua energia laborativa, posta ao serviço da entidade patronal e é também o único ou principal meio de subsistência do trabalhador. A nota dominante é a dependência económica do trabalhador que carece da retribuição para satisfazer as respetivas necessidades mais básicas.

Adicionalmente, o nº 3 do artº 59º da CRP estabelece que os salários gozam de garantias especiais, nos termos da lei, sendo a previsão constante do artigo 333º do CT a concretização legal da imposição constitucional. Daqui decorre que as garantias previstas na lei para os créditos laborais gozam de proteção constitucional pelo que apenas será de admitir a respetiva restrição quando se tenha em vista assegurar direito "superior" que goze de "maior proteção constitucional". A norma mencionada prevê uma, justificada, descriminação positiva dos créditos salariais relativamente aos demais créditos sobre o empregador.

Julgamos assim que, a norma constante do artº 17º-H do CIRE, ao fazer preferir o crédito do credor financiador sobre todos os demais créditos, incluindo os créditos laborais viola frontalmente a norma constitucional. O ponto fundamental da análise é o de saber se tal regime desprotege intoleravelmente os créditos dos trabalhadores despojando-os da tutela que seria constitucionalmente devida, ou seja, se a preferência absoluta dos créditos laborais é uma solução exigida para dar satisfação ao mandato constitucional de garantias especiais para os créditos salariais. Julgamos que a resposta só pode ser afirmativa.

Na verdade, o direito do trabalhador á respetiva retribuição configura-se como um direito fundamental suscetível de legitimar a compressão do direito dos demais credores da entidade empregadora ao pagamento do respetivo crédito pelo que, uma qualquer norma que coloque em segundo plano o direito de crédito do trabalhador relativamente ao direito de crédito de um qualquer outro credor nos parece afetar o núcleo essencial do direito fundamental que cabe aos trabalhadores.

E não se diga que os credores/financiadores é que asseguram a manutenção da empresa e por essa via a manutenção dos postos de trabalho e o surgimento do próprio crédito laboral para justificar esta *super-protecção* que a lei nº 9/2022 lhes concedeu pois, antes de tudo, é o trabalho «o motor da produção» que permite a criação de lucro e meios de pagamentos dos débitos do empregador. Antes, e na base, de toda a produção de riqueza está o trabalho.

Na verdade, o comando constante do nº 3 do artº 59º da CRP vincula o legislador à construção de um sistema de garantias, especiais, que confira um mínimo de efetividade, sem a qual a norma constitucional seria vazia de sentido e conteúdo. Ora, semelhante construção implica, evidentemente, as relações de preferência entre as diversas garantias estabelecidas em favor dos diferentes credores. Na verdade, o reforço de umas resultará, inevitavelmente, no enfraquecimento de outras pelo que é na gradação dos direitos de crédito a garantir que havemos de encontrar a chave para a "graduação" das garantias concedidas e aí, inquestionavelmente, os créditos laborais e as suas garantias deverão prevalecer.

4.2. Defesa do trabalhador com salários em atraso – Responsabilidade civil e criminal do empregador

As proibições previstas no artº 313º do CT e a possibilidade de anulação de determinados atos dos quais resulte dissipação ou oneração do património do empregador previsto no artigo 314º do CT, aplicáveis quando o empregador se encontre em divida para com os trabalhadores, constituem, também elas, garantias dos créditos laborais, com proteção constitucional nos termos do nº 3 do artº 59º da CRP, pelo que cumpre perguntar se o disposto nos nºs 5, 6 e 7 do artº 17º-H do CIRE derrogam ou não aqueles preceitos – artº 313º e 324º do CT – e, na afirmativa, se não serão tais normas, também, inconstitucionais.

Convirá analisar separadamente os possíveis efeitos do PER na "aplicação" dos regimes previstos no artº 313º e no artº 314º do CT. Comecemos pelo artº 313º do CT.

Estabelece o nº 1 artigo 313º do CT que «em caso de encerramento temporário de empresa ou estabelecimento a que se refere o nº 1 do artigo 311º, o empregador não pode:

a) Distribuir lucros ou dividendos, pagar suprimentos e respectivos juros ou amortizar quotas sob qualquer forma;
b) Remunerar membros dos corpos sociais por qualquer meio, em percentagem superior à paga aos respectivos trabalhadores;
c) Comprar ou vender acções ou quotas próprias a membros dos corpos sociais;
d) Efectuar pagamentos a credores não titulares de garantia ou privilégio com preferência em relação aos créditos dos trabalhadores, salvo se tais pagamentos se destinarem a permitir a actividade da empresa;
e) Efectuar pagamentos a trabalhadores que não correspondam ao rateio do montante disponível, na proporção das respectivas retribuições;
f) Efectuar liberalidades, qualquer que seja o título;
g) Renunciar a direitos com valor patrimonial;
h) Celebrar contratos de mútuo na qualidade de mutuante;
i) Proceder a levantamentos de tesouraria para fim alheio à actividade da empresa».

Estas proibições ocorrem também quando o empregador se encontre em situação de falta de pagamento pontual da retribuição devida aos trabalhadores, conforme decorre do nº 1 do artº 324º do CT, e a sua violação faz o empregador incorrer em responsabilidade criminal, sendo essa violação punida com pena de prisão até 3 anos, sem prejuízo de pena mais grave aplicável ao caso, conforme preceitua o nº 3 do citado artº 324º do CT. Ou seja, para o caso que agora nos importa, estando o empregador em situação de falta de pagamento pontual da retribuição[150] devida aos traba-

[150] Cabe questionar se, quando o legislador se refere no artº 324º do CT à falta de pagamento pontual da retribuição se refere à retribuição *stricto sensu* ou se, de forma mais abrange, se refere à falta de pagamento dos créditos decorrentes da execução do contrato. Com efeito, a retribuição é a principal obrigação que decorre do contrato de trabalho para o empregador sendo o correspetivo da obrigação do trabalhador. Importa porém distinguir a remuneração em sentido amplo, que, no dizer de António Menezes Cordeiro – *Direito do Trabalho, p. 717*-, «engloba o conjunto de vantagens do trabalhador e a cargo do empregador, por via da

lhadores está proibido, entre outros atos, de celebrar contratos de mútuo na qualidade de mutuante. Mas, como articular esta proibição com a possibilidade prevista no CIRE de o devedor em processo especial de revitalização celebrar os atos de financiamento necessários à manutenção da sua atividade ou a execução do plano.

existência duma situação jurídica laboral» da remuneração em sentido estrito ou retribuição, que, como refere Maria do Rosário Palma Ramalho – *Tratado de Direito do Trabalho*, p. 504 – «corresponde à prestação patrimonial, em dinheiro ou em espécie, regular e periódica, que, é devida ao trabalhador por força do seu contrato, das normas que o regem ou dos usos, como contrapartida do seu trabalho. » De acordo com o disposto no nº 1 do artº 258º do CT «Considera-se retribuição a prestação a que, nos termos do contrato, das normas que o regem ou dos usos, o trabalhador tem direito em contrapartida do seu trabalho.» Já o nº 3 do artº 258º do CT estabelece uma presunção, ilidível, de que qualquer prestação do empregador ao trabalhador constitui retribuição norma que terá de ser articulada com o disposto no artº 260º do CT que afasta a qualificação de retribuição relativamente a certas prestações atribuindo-a a outras. Nas palavras de João Leal Amado – *(et al) Direito do Trabalho, p. 777* – «A noção legal de retribuição pressupõe, assim, a conjugação de dois elementos fundamentais: o carácter obrigatório da prestação e a correspetividade desta com o trabalho. A falta de qualquer destes elementos retirará carácter retributivo à prestação efetuada.» A qualificação de determinada prestação como retribuição apresenta dificuldades mas é seguro afirmar que assumem a qualidade de retribuição a retribuição base, sendo esta a prestação correspondente à atividade do trabalhador no período normal de trabalho, as diuturnidades, que se observam como prestação de natureza retributiva a que o trabalhador tenha direito com fundamento na antiguidade – artº 262º do CT – o subsidio de natal e o subsidio de férias – sendo como são prestações pecuniárias regulares, de periodicidade anual, com fundamento direto no contrato e nas normal legais que o regem – e a retribuição das férias.
Já relativamente a outros acréscimos remuneratórios como sejam os decorrentes da prestação de trabalho noturno, por isenção de horário de trabalho, por trabalho suplementar ou por trabalho em regime de turnos e bem assim outras prestações ligadas ao modo específico de prestação da atividade por parte do trabalhador defende Maria do Rosário Palma Ramalho que não são de qualificar como retribuição porque apenas devidos enquanto o modo especifico de prestação da atividade que as justifique se mantiver. Parece-nos que, para efeitos da aplicação do disposto no artigo 324º, e bem assim, do artigo 325º, devemos considerar uma noção mais ampla de retribuição, admitindo o funcionamento de tais figuras legais sempre que o empregador se encontre em situação de falta de pagamento pontual das quantias devidas ao trabalhador por força da execução do contrato, incluído a falta de pagamento dos acréscimos remuneratórios decorrentes do modo especifico como o trabalho que originou tal crédito foi prestado. Isto é, não podendo, por exemplo, as quantias a pagar ao trabalhador pela isenção de horários de trabalho ser consideradas retribuição, não sendo por isso prestações irredutíveis (o trabalhador perderá o direito a tal pagamento se deixar de ter a isenção de horários de trabalho) se a quantia devida a esse titulo está vencida e não foi paga pontualmente, teremos que considerar que o empregador se encontra em situação de falta de pagamento pontual da retribuição para efeitos da aplicação do disposto nos artigos 324º e 325º do CT.

Releva para a questão analisar o disposto no nº 7 do artº 17º-H do CIRE que estabelece que «os concedentes do novo financiamento e do financiamento intercalar não podem incorrer em responsabilidade civil, administrativa ou penal com fundamento de que tais financiamentos são prejudiciais para o conjunto dos credores, salvo nos casos expressamente previstos na lei». Se é certo que a norma em causa apenas exclui a responsabilidade civil, administrativa e criminal dos concedentes do financiamento, e não de quem o recebe, pareceria fazer pouco sentido excluir a responsabilidade criminal de quem concede o financiamento sem estender tal exclusão a quem recebe o financiamento, pelo que seriamos tentados a considerar que também o devedor/mutuário não pode ser responsabilizado civil, administrativa ou penalmente com o fundamento de que tal financiamento prejudica a generalidade dos credores. Entendemos, porém, que essa responsabilidade se manterá se, no momento da concessão do financiamento, o empregador se encontrar em situação de falta de pagamento pontual da retribuição por força da exceção contida na parte final do nº 7 do artigo 17º-H do CIRE. Efetivamente, estando a responsabilidade criminal do empregador, nessa hipótese, expressamente prevista no artº 324º do CT, mantém plena validade mesmo quando estejam em causa financiamento obtido na pendência do PER e em execução do plano de recuperação.

Refere Catarina Serra[151] que na parte final do nº 7 do artº 17º-H do CIRE, onde se lê "salvo nos casos expressamente previstos na lei" «não se trata exactamente de salvaguardar "os casos expressamente previstos na lei"» mas antes manter «"operacionais", por um lado, os fundamentos habituais da responsabilidade dos sujeitos no Direito português, o que significa que há – continua a haver – responsabilidade civil por prejuízo causado aos credores quando o sujeito adopte uma conduta qualificada (i.e., tenha agido com dolo ou culpa grave)» A exceção incluiria, segundo a autora, a responsabilidade civil por abuso de direito, que não tem previsão legal expressa e bem assim «situações expressamente previstas na lei, destaca-se a responsabilidade civil decorrente da insolvência culposa, que, como é sabido, depende sempre de dolo ou culpa grave (cfr. artº 186º, nº 1)». A autora limita a aplicação daquela exceção às situações em que os inter-

[151] Serra, Catarina, *Enquadrar a Recuperação das PME (rectius MPE) à luz da Lei nº 9/2022, de 11 de Janeiro*, pp. 474-476.

venientes no ato tenham agido com dolo ou culpa grave o que nos parece redutor. Entendemos por isso que, a responsabilidade criminal, e a correspondente responsabilidade civil por ato ilícito do empregador que, estando em situação de falta de pagamento pontual da retribuição, pratique um dos atos previstos no artigo 313º do CT se manterá ainda que esteja em causa financiamento contratado no âmbito do PER ou em execução do Plano.

Na verdade, o legislador optou por deixar a regulação de todas as "incidências" laborais do processo de insolvência e processos conexos para a legislação laboral, pelo que nada parece afastar a aplicação do disposto no artº 313º e no artº 324º do CT.

Acresce que, os atos praticados apesar da proibição terão de considerar-se nulos. Mas, como articular essa nulidade com o disposto no nº 1, 5 e 6 do artº 17º-E do CIRE?

4.3. Nulidade e anulabilidade de atos e negócios celebrados pelo empregador em situação de falta de pagamento pontual da retribuição

Encontrando-se o empregador em situação de falta de pagamento pontual da retribuição, está-lhe vedada a prática dos atos mencionados no artigo 313º do CT. Com efeitos, naquela circunstância de incumprimento, os atos ali referidos são proibidos e por isso ilícitos, entendendo-se a ilicitude como a desconformidade do ato com a lei. Estamos aqui perante uma ilicitude direta, já que o negócio ou ato ofende frontalmente uma norma legal proibitiva, sendo o ato ou negócio, celebrado naquelas circunstâncias, *contra legem*. Por outro lado, nos termos do disposto no artigo 294º do cc. «Os negócios celebrados contra disposição legal de carácter imperativo são nulos, salvo nos casos em que outra solução resulte da lei.». Da conjugação das normas citadas resulta que os atos praticados pelo empregador em violação da proibição prevista no artigo 313º são nulos, donde, estando o empregador em situação de falta pontual de pagamento da retribuição, o financiamento que venha a contratar como mutuário/financiado será nulo.

Adicionalmente, o nº 2 do artigo 324º do CT estabelece que «O acto de disposição do património da empresa praticado em situação de falta de pagamento pontual de retribuições, ou nos seis meses anteriores, é anulável nos termos do artigo 314º». Ou seja, qualquer ato de disposição de património da empresa a título gratuito, se praticado quando o empregador se ache na situação de falta de pagamento pontual da retribuição, ou nos seis meses anteriores, é anulável por iniciativa de qualquer interessado ou de estrutura de representação colectiva dos trabalhadores, sendo também anulável o acto de disposição de património da empresa a título oneroso, praticado durante o mesmo período, se dele resultar diminuição da garantia patrimonial de créditos dos trabalhadores. Estão abrangidos pelas normas citadas quaisquer atos/negócios que tenham reflexo direto sobre o património da empresa, e não apenas aqueles que correspondam à deslocação do património para fora da esfera empresarial. Podem assim estar em causa os contratos/atos de que decorra a constituição de garantias sobre ativos da empresa.

Tendo presente este quadro legal, importa analisar como o mesmo se articula com o disposto nos nºs 1, 5 e 6 do artigo 17º-H e no nº 6 do artigo 120º do CIRE.

Prevê o nº 1 do artº 17º-H do CIRE que as garantias convencionadas entre a empresa e os seus credores durante o processo especial de revitalização, com a finalidade de proporcionar àquela os necessários meios financeiros para o desenvolvimento da sua atividade, mantêm-se ainda que, findo o processo venha a ser declarada no prazo de dois anos, a sua insolvência[152]. O nº 5 do artº 17º-H do CIRE estabelece que os atos de financiamento, *rectius*, os negócios jurídicos que têm por objecto a concessão de financiamento à empresa, não podem ser objeto de impugnação pauliana, derrogando assim o disposto no artº 610º do cc, acrescentando o nº 6 da mesma norma legal que o novo financiamento e o financiamento intercalar não podem ser declarados nulos, anuláveis ou insuscetíveis de execução. Acresce que, nos termos do nº 6 do artº 120º do CIRE são insuscetíveis de resolução em benefício da massa insolvente[153] os negócios jurídicos celebra-

[152] Considerando o previsto no nº 5 do artigo 217º do CIRE – que estabelece que a sentença homologatória produz de imediato os efeitos referidos nos nºs 1 a 3, ainda que seja interposto recurso -, aplicável ao PER por força do previsto no nº 3 do artº 17º A, suscita-se a questão de saber se os negócios previsto no plano, designadamente as garantias convencionadas se devem manter ainda que, em sede de recurso, venha a ser revogada a sentença que homologou o plano de recuperação. Pensamos que não, devendo ser feita uma interpretação restritiva daquela norma. Nesse sentido, Paulo Tarso Domingues, *O Processo Especial de Revitalização aplicado às Sociedades Comerciais*, defende que se o plano não for homologado por sentença transitada em julgado as garantias não se mantêm.

[153] Nos termos do artigo 120º do CIRE podem ser resolvidos em benefício da massa insolvente os atos prejudiciais à massa praticados dentro dos dois anos anteriores à data do início do processo de insolvência. Trata-se de uma forma expedita de destruir retroativamente negócio jurídico que se revele prejudicial à satisfação dos credores a insolvência. A men-

cionada resolução, de que apenas pode lançar mão o administrador judicial, pressupõe seja demonstrado o carácter prejudicial do negócio para a massa insolvente, sendo considerado prejudicial o negócio que diminua, frustre, dificulte, ponha em risco ou retarde a satisfação dos credores da insolvência (presumindo-se, sem admissão de prova em contrário, que são prejudiciais os negócios mencionados no catálogo taxativo do artigo 121º do CIRE).Salvo relativamente aos negócios enumerados no artigo 121º, para cuja resolução se prescinde da alegação e demonstração da existência da má-fé do terceiro que contrata com o devedor, para que a resolução proceda é necessário que se verifique a má-fé do terceiro, a qual se presume relativamente a atos em que tenha tido intervenção, ou de que aproveite pessoa especialmente relacionada com o devedor. Entende-se por má-fé o conhecimento, à data do ato, de qualquer uma das seguintes circunstâncias: de que o devedor estava em situação de insolvência (atual); do carácter prejudicial do ato e de que o devedor se encontrava em situação de insolvência iminente; do início do processo de insolvência. Assim, não fosse a exceção contida no nº 6 do artº 120º do CIRE haveria grande probabilidade de os negócios celebrados no âmbito do PER com vista à disponibilização de meios de financiamento serem, em insolvência subsequente, resolvidos em benefício da massa insolvente. Contudo, o legislador não previu, para o PER, qualquer "válvula de escape" que permita a resolução de negócios concluídos com o intuito de defraudar os credores da insolvência. Parece mais aceitável, e consentâneo aos princípios que regem o nosso direito civil, o previsto na Lei nº 8/2018 de 2 de março aplicável ao RERE – Regime Extrajudicial de Recuperação de empresas. Estipula o artº 28º daquele diploma legal que, caso o devedor venha a ser ulteriormente declarado insolvente, são insuscetíveis de resolução em beneficio da massa insolvente os negócios jurídicos que hajam compreendido a efetiva disponibilização ao devedor de novos créditos pecuniário, incluindo sob a forma de deferimento de pagamento, e a constituição, por estes, de garantias respeitantes a tais créditos pecuniários, desde que os negócios hajam sido expressamente previstos no acordo de restruturação, assim se garantindo que a celebração desses negócios é apreciada e "autorizada pelos credores ao contrário do que sucede com o financiamento intercalar previsto no PER. Acrescenta o nº 2 daquela norma legal que a insusceptibilidade de resolução em benefício da massa insolvente cessa se o novo financiamento tiver sido utilizado pelo devedor em benefício da respetiva entidade financiadora ou de entidade que com esta esteja especialmente relacionada nos termos referidos no artigo 49º do CIRE. Esta exceção corresponde a um mínimo que se exigiria para assegurar alguma lisura no processo. Com efeito, não existe no PER norma equivalente o que significa que a contratação do novo financiamento pode redundar numa forma de transformar um crédito sobre a insolvência num crédito sobre a massa insolvente, salvaguardado de todas as formas de impugnação o que é verdadeiramente inaceitável. Por aplicação daquela norma legal estará o administrador de insolvência impedido de resolver o ato em benefício da massa insolvente pelo que restaria aos credores atuar individualmente – admitindo que a exceção contida na parte final do nº 7 do artigo 17º-H do CIRE se aplica também aos nºs 5 e 6 da mesma norma legal e que, por isso, continua a ser possível, como defende Catarina Serra, peticionar a impugnação pauliana de atos praticados com a intenção de prejudicar os credores da insolvência – porventura deduzindo impugnação pauliana que, como sabemos apenas aproveita ao autor da ação considerando que, com a revogação do CPEREF deixou de se prever a "impugnação pauliana coletiva". O CIRE deixou de consagrar a impugnação pauliana com efeitos coletivos. Efetivamente, dispunha o artº 157º do CPEREF

dos no âmbito do PER cuja finalidade seja prover o devedor com meios de financiamento suficientes para viabilizar a sua recuperação. Considerando que a "insusceptibilidade de resolução" se manteve no artº 120º, não tendo sido incluída na previsão do artº 17º-H, concluímos que, além dos atos de financiamentos previstos nos nºs 2 e 4º do artº 17º-H, estão protegidos da resolução em benefício da massa insolvente outros negócios celebrados pela devedora na pendência do PER ou previstos no plano com a finalidade de prover o devedor com meios de financiamento. Podem estar, assim, em causa atos de dissipação patrimonial[154] "justificados" com a necessidade de realização dos referidos meios financeiros.[155] Ora, considerando que a norma não restringe a proteção concedida a negócios previstos no plano e a aprovar pelos credores e juiz, parecendo abranger negócios celebrados na pendência do PER, durante as negociações, mais uma vez estariam em causa atos excluídos do controlo judicial e apenas dependentes de autorização do AJP[156]. Considerando a gravidade das consequências,

que «São impugnáveis em benefício da massa falida todos os actos susceptíveis de impugnação pauliana nos termos da lei civil.», acrescentando o artº 159º do mesmo diploma legal que «Resolvido o negócio jurídico ou julgada procedente a impugnação pauliana, os bens ou os valores correspondentes revertem para a massa falida.» Defende Catarina Serra – *Enquadrar a Recuperação das PME …* -, que «permanecem susceptíveis de resolução em benefício da massa e de impugnação pauliana os actos que se apure terem sido praticados com o intuito de prejudicar os credores, isto é, dolosamente ou em "fraude preordenada"», no entanto, salvo o devido respeito, não vemos que tal conclusão tenha, no que se refere à resolução em benefício da massa insolvente, sólido apoio legal. Por outro lado, sabendo-se das dificuldades de prova que o autor enfrenta na ação pauliana não podemos senão concluir que a proteção dos credores, contra atos praticados com o intuito de os prejudicar, saiu, claramente, enfraquecida. Também Miguel Pestana de Vasconcelos – *O novo regime de financiamento do devedor no âmbito do PER* – defende que, negócios que visem prejudicar intencionalmente os outros credores continuam a poder ser resolvidos apontando, como lugar paralelo, o regime do artº 19º do Decreto-lei nº 1.5/2004, de 8/5.

[154] A propósito refere Miguel Pestana de Vasconcelos – *O novo regime de financiamento do devedor no âmbito do PER* – que o relevante, para efeitos de aplicação da norma, não é o tipo contratual em causa, mas «o fim de concessão de crédito» defendendo estar incluída a «coligação de diversos contratos quando a finalidade é a concessão de meios de financiamento, como sucede, p. ex., com a locação financeira restitutiva, ou lease-back.»

[155] É também o que resulta do nº 1 do artº 18 da Diretiva (EU) 2019/2013 que prevê a proteção de outras transações relacionadas com a restruturação, «sem prejuízo do artigo 17º» que prevê a proteção do novo financiamento e do financiamento intercalar.

[156] Estabelece o nº 5 do artº 17º-E do CIRE que «caso o juiz nomeie administrador judicial provisório nos termos do nº 5 do artº 17º-C, a empresa fica impedida de praticar atos de especial relevo, tal como definidos no artigo 161º, sem que previamente obtenha autorização

para os credores, desses atos, julgamos que seria, no mínimo, exigível que a necessidade, melhor dizendo, a indispensabilidade da celebração do negócio para a viabilização da recuperação, fosse controlada, *ex ante*, pelo juiz. [157]

do administrador judicial provisório para a realização da operação pretendida.». Por outro lado, da mencionada remissão resulta que dependerá do consentimento do AJP a prática de atos jurídicos que assumam especial relevo para o processo de insolvência devendo atender-se, na qualificação de um ato como de especial relevo, aos riscos envolvidos e às suas repercussões sobre a tramitação ulterior do processo, às perspetivas de satisfação dos credores da insolvência e à suscetibilidade de recuperação da empresa. O nº 3 do artigo 161º contém uma enumeração exemplificativa dos atos de especial relevo. Assim, somos levados a concluir que alguns financiamentos intercalares contratados pela empresa, escapando ao controlo do juiz do processo e dos credores poderá escapar também ao controlo o AJP. De acordo com o nº 3 do artº 161º do CIRE «Constituem, designadamente, actos de especial relevo: a) A venda da empresa, de estabelecimentos ou da totalidade das existências; b) A alienação de bens necessários à continuação da exploração da empresa, anteriormente ao respectivo encerramento; c) A alienação de participações noutras sociedades destinadas a garantir o estabelecimento com estas de uma relação duradoura d) A aquisição de imóveis; e) A celebração de novos contratos de execução duradoura; f) A assunção de obrigações de terceiros e a constituição de garantias; g) A alienação de qualquer bem da empresa por preço igual ou superior a € 10 000 e que represente, pelo menos, 10 % do valor da massa insolvente, tal como existente à data da declaração da insolvência, salvo se se tratar de bens do activo circulante ou for fácil a sua substituição por outro da mesma natureza.

[157] Também aqui julgamos que o legislador nacional não transpôs devidamente a Diretiva (EU) 2019/2013. Com efeito, estabelece o artigo 18º da Diretiva que: 1. Sem prejuízo do artigo 17.o, os Estados-Membros asseguram que, em caso de insolvência posterior de um devedor, as transações que sejam razoáveis e imediatamente necessárias para a negociação de um plano de reestruturação não sejam declaradas nulas, anuláveis ou insuscetíveis de execução com o fundamento de que são prejudiciais para o conjunto dos credores, exceto se existirem outros fundamentos previstos no direito nacional.
2. Os Estados-Membros podem prever que o n.o 1 apenas seja aplicável aos casos em que o plano seja confirmado por uma autoridade judicial ou administrativa, ou em que tais transações tenham sido submetidas a um controlo ex ante.
3. Os Estados-Membros podem excluir da aplicação do n.o 1 as transações que tiverem sido efetuadas depois de o devedor ter deixado de ser capaz de pagar as suas dívidas na data de vencimento.
4. As transações a que se refere o n.o 1 incluem, no mínimo:
a) O pagamento de honorários e custos da negociação, adoção ou confirmação de um plano de reestruturação;
b) O pagamento de honorários e custos do aconselhamento profissional estreitamente associado à reestruturação;
c) O pagamento dos salários dos trabalhadores por trabalho já executado, sem prejuízo de outras formas de proteção previstas no direito nacional ou da União;

Relativamente às normas em análise – nºs 5, 6 e 7 do artigo 17º-H do CIRE – defende Catarina Serra[158] que o legislador nacional «desmembrou em três números» uma «disciplina unitária» prevista nas alíneas a) e b) do nº 1 do artigo 17º da Diretiva donde, a ressalva constante da parte final do nº 7 do artº 17º-H do CIRE deve considerar-se extensível também ao número 5 e ao número 6, «condicionando ou limitando a garantia de insusceptibilidade de impugnação (por qualquer meio) dos atos de financiamento com fundamento na prejudicialidade para o conjunto dos credores» pelo que se manteria a possibilidade de por em causa aqueles atos com fundamento nas causas gerais de ineficácia e invalidade dos negócios.[159]

d) Quaisquer pagamentos e desembolsos efetuados no decurso normal da atividade, com exceção dos referidos nas alíneas a) a c).
5. Sem prejuízo do artigo 17.o, os Estados-Membros asseguram que, em caso de insolvência posterior do devedor, as transações que sejam razoáveis e imediatamente necessárias para a execução de um plano de reestruturação e efetuadas de acordo com o plano de reestruturação confirmado por uma autoridade judicial ou administrativa não sejam declaradas nulas, anuláveis ou insuscetíveis de execução com o fundamento de que são prejudiciais para o conjunto dos credores, exceto se existirem outros fundamentos previstos no direito nacional.
Resulta claro que, por um lado, o legislador nacional optou por "conceder" aquela proteção, também a negócios não previstos no plano, praticados durante o processo sem exigir a respetiva validação o controlo judicial. Por outro lado, não excluiu tal proteção nas situações em que o devedor já se encontra a incumprir as suas obrigações nem a fez depender da demonstração da razoabilidade e urgência do negócio. Com efeito, a diretiva refere-se a transações razoáveis e imediatamente necessárias, requisitos que não foram transpostos para a lei portuguesa. Finalmente, o legislador nacional restringiu a proteção a negócios realizados com a finalidade de obtenção de meios de financiamento quando a diretiva impunha que, no mínimo, não pudessem ser postas em causa (declaradas nulas, anuladas ou resolvidas) as transações previstas no nº 4, designadamente, o pagamento dos salários dos trabalhadores por trabalho já executado – alínea c) do nº 4 do artº 18º da Diretiva.

[158] Serra, Catarina, *Enquadrar a Recuperação das PME*, pp. 473 – 477.

[159] Também Miguel Pestana de Vasconcelos – *O novo Regime de Financiamento do devedor no âmbito do PER, p. 148* –, além de apontar a incorreta transposição da diretiva, ao não impor como condição da proteção concedida ao financiamento a insolvência posterior do devedor, propondo uma interpretação restritiva da norma no sentido dos limites à "impugnação do financiamento, apenas terem lugar no caso de o devedor ser declarado insolvente, refere que a redação da norma em questão é perigosa por inculcar a ideia, errada, segundo o autor, de que um negócio celebrado naquele contexto «que esteja ferido de nulidade ou anulabilidade não pode vir depois a ser anulado ou declarado nulo, tento mais que omite o requisito da insolvência posterior». Defende o autor que os negócios viciados por nulidade ou anulabilidade nos termos gerais, podem ser anulados ou declarados nulos nos termos dos regimes legais aplicáveis.

Acompanhando o defendido por Catarina Serra, entendemos que a possibilidade de peticionar a declaração de nulidade do negócio de que decorra a concessão de financiamento, (intercalar ou previsto no plano) mantém-se intocada caso se verifique a situação de falta de pagamento pontual da retribuição. De igual modo, continua o trabalhador a poder peticionar a anulação de todo e qualquer negócio de disposição ou oneração do património da empregadora se deles resultar a diminuição da garantia patrimonial do respetivo crédito.

Em todo o caso, mantemos sérias dúvidas quanto à conformidade das normas citadas – n. º 1, 5 e 6 do artº 17º-H e nº 6 do artº 120º do CIRE – com a constituição, particularmente o artigo 59º – quando interpretados no sentido de impedir o trabalhador de impugnar o negócio celebrado pelo empregador de que resulte a diminuição da garantia patrimonial do crédito do trabalhador já que, a previsão constitucional das garantias dos créditos do trabalhador implica que este tenha ao seu dispor meios para fazer valer essas garantias, de nada servindo prever privilégios creditórios sobre o património do empregador se, em situação de falta de pagamento pontual da retribuição, se permite que o empregador se desfaça ou disponha desse bens em termos tais que a garantia "desapareça".

Argumentarão os defensores da solução legal que a mesma se justifica pela necessidade de incentivar o financiamento às empresas em PER, como condição para a respetiva viabilização, mas, contra, pode argumentar-se, questionando, se não terão estes financiadores mais interesse na declaração de insolvência da empresa, e precocemente, nos dois anos posteriores, do que em permitir que a empresa se mantenha em atividade com o risco de perderem a garantia que os preceitos lhes asseguram. Estamos em crer que se gerarão óbvios conflitos de interesse, o destes credores financiadores, a quem interessará que a empresa seja declarada insolvente nos dois anos posteriores, e o dos demais credores, para quem é essencial que aquela declaração de insolvência não ocorra naquele período.

Será também (sobretudo) aqui que os novos poderes atribuídos ao juiz assumem capital importância. Com efeito, caberá ao juiz, na decisão em que decide homologar ou recusar o plano aferir (além de outras questões) se, qualquer novo financiamento necessário para executar o plano de reestruturação não prejudica injustamente os interesses dos credores e bem assim, se a situação dos credores ao abrigo do plano é mais favorável do que seria num cenário de liquidação da empresa – *best interest test*, caso existam pedidos de não homologação. Note-se que o *best interest test* só é realizado se a questão for suscitada por algum interessado, não sendo, por isso, de conhecimento oficioso. Acresce que, parece resultar da norma citada que o financiamento intercalar, disponibilizado por algum credor no decurso do processo, escapa ao controlo judicial o que torna ainda mais perigosa e potencialmente lesiva dos interesses dos credores "preexistentes" a classificação de tais financiamentos como dívidas da massa insolvente. Tal financiamento estará apenas dependente de autorização do Administrador Judicial provisório[160] o que nos parece verdadeiramente inaceitável considerando que da realização desse financiamento pode resultar a total frustração dos créditos dos credores pré-existentes, "futuros credores da insolvência".[161] Ademais, não constando tal financiamento do plano fica subtraído à apreciação dos credores e do juiz que não poderá recusar a homologação do plano com fundamento na prévia realização daquele financiamento sendo "forçado" à homologação de plano que pode ser gravemente lesivo dos interesses e direitos de créditos dos credores.[162]

Este novo regime de proteção dos "financiadores" é tão mais grave atendendo às novas regras de aprovação do plano previstas nos nºs 4 e 5 do

[160] Nesse sentido David Sequeira Dinis – *Financiamento no quadro do Processo especial de Revitalização,* p. 136. Defendo o autor que o financiamento intercalar apenas depende de decisão da administração do devedor e autorização do AJP não carecendo de qualquer "ratificação" ou "confirmação" pelo plano. Indo mais longe, entende o autor que os credores não podem opor-se ao novo financiamento.

[161] Nesse sentido David Sequeira Dinis, *Standstill, cláusulas Ipso facto e new Money após a transposição da diretiva, As Alterações ao Processo Especial de Revitalização: um novo processo? In: Plano de Recuperação e Resiliência para a Justiça Económica e a transposição de Diretiva 2019/1023, p. 60.*

[162] Neste particular discordamos de David Sequeira Dinis, que considera a solução justa. Com efeito, inexiste na lei qualquer limitação à contratação do financiamento intercalar, além da autorização do AJP. Não se exige a sua indispensabilidade, a urgência que justifique a sua contratação no decurso do processo em lugar da sua previsão no plano, que pelo menos possibilitaria a respetiva apreciação pelos credores e pelo Juiz. Estamos em crer que se criou aqui uma brecha potenciadora de abusos e fraude em prejuízo manifesto de credores, alguns dos quais garantidos. Não podemos perder de vista que as dividas da massa insolvente são pagas com preferência a todos os créditos da insolvência mesmo os privilegiados e garantidos. O que nos leva a questionar eventual desconformidade do estabelecido no artº 17º-H do CIRE com a constituição também por violação das legítimas expectativas dos credores detentores de garantias reais (seja hipoteca, penhor, direito de retenção ou privilégio imobiliário especial). Cfr. David Sequeira Dinis, *Standstill, cláusulas Ipso facto e new Money após a transposição da diretiva, As Alterações ao Processo Especial de Revitalização: um novo processo? In: Plano de Recuperação e Resiliência para a Justiça Económica e a transposição de Diretiva 2019/1023, p. 60.*

artº 17º-F do CIRE.[163] Prevê-se agora a possibilidade[164] de serem formadas categorias de credores, o que, inegavelmente, facilita a aprovação do plano e que torna possível a homologação de plano que não foi aprovado por todas as categorias, mas que se imporá, também, às categorias discordantes (*cross-class cram-down*).[165] O plano, mesmo que não aprovado por todas as categorias pode ser confirmado e imposto às categorias discordantes que o não aprovaram. Acresce que o plano se considerará aprovado, por uma determinada categoria, desde que seja votado favoravelmente por mais de dois terços da totalidade dos votos emitidos, não se contando as abstenções, sendo que a maioria de votos não corresponde necessariamente à maioria do total dos direitos de crédito incluídos nessa categoria.

Como refere Catarina Serra[166] o plano pode ser homologado tendo sido aprovado por metade das categorias e sem que tenha sido aprovado nesta(s) categoria(s) por votos que correspondam a uma maioria do total dos créditos nela incluído, o que é, tanto mais grave, quanto sabemos que é o devedor que forma as categorias sem que haja uma norma legal que claramente imponha os critérios dessa formação.[167] Alerta a autora que «Nestas circunstâncias, será, todavia, possível impor-se o plano aos sujeitos que o não aprovam, não obstante estes poderem ser mais representa-

[163] Para uma análise detalhada dessas regras ver: Serra, Catarina, *Formação de categorias e aprovação do plano de recuperação no quadro do Processo Especial de Revitalização – Primeiras observações críticas à Lei nº 9/2022, de 11 de janeiro*, *in* As Alterações ao Processo Especial de Revitalização: um novo processo? “O Plano de recuperação e Resiliência para a Justiça Económica e a transposição da Diretiva 2019/1023, do Parlamento Europeu e do Conselho”, E-book, Ministério da Justiça, 2022, pp. 14-31.

[164] A indicação e formação de categorias é opcional.

[165] Serra, Catarina, *O Plano de recuperação e Resiliência para a Justiça Económica e a transposição da Diretiva 2019/1023, do Parlamento Europeu e do Conselho”*, E-book, Ministério da Justiça, 2022, p. 19.

[166] Serra, Catarina, *O Plano de recuperação e Resiliência para a Justiça Económica e a transposição da Diretiva 2019/1023, do Parlamento Europeu e do Conselho”*, E-book, Ministério da Justiça, 2022, p. 29.

[167] Mais uma vez será de cabal importância, para prevenir a fraude, a intervenção do juiz que pode, nos termos do disposto no nº 6 do artº 17º-D do CIRE, oficiosamente ou a pedido de qualquer interessado, decidir sobre a conformidade da formação das categorias de créditos. Bastaria ao credor indicar apenas duas categorias: uma agrupando os credores preexistentes e outra os credores financiadores, votando esta segunda categoria favoravelmente estaria o mesmo aprovado nos termos do ponto iv*) da alínea a) do nº 5 do artº 17º-F do CIRE* pelo que facilmente se compreende a importância de um controlo judicial apertado sobre todo o processo.

tivos em termos de valor total do passivo da empresa do que aqueles que o aprovaram.»

Reitera-se, pois, a importância do labor que caberá, neste "novo" PER, ao Juiz, que, além das questões já enunciadas, terá de aferir se o previsto no plano respeita o princípio da igualdade dos credores, se as diferenciações nele previstas são justificadas por razões objetivas, se o plano se mostra apto a evitar a insolvência da empresa devedora (teste de viabilidade) e, sendo tal questão suscitada por algum credor, se a situação do credor ao abrigo do plano é mais favorável do que seria num cenário de liquidação da empresa.

4.4. Valor e forma de pagamento do crédito laboral; O conteúdo do plano

Importa também analisar o que, á luz da legislação laboral, pode ser previsto no plano a propósito do crédito laboral, designadamente se o mesmo pode, e em que termos, ser afetado pelo plano. Não sofrerá dúvidas que se poderá prever o pagamento faseado do crédito, embora com limites atento o carácter alimentício do crédito retributivo, mas, poderá o seu valor ser reduzido? Será lícita a previsão de perdão de parte do crédito reclamado pelo trabalhador?

Para esta análise é essencial termos presente a especial tutela da retribuição e os princípios e regimes em que tal tutela se traduz, designadamente, o Princípio da suficiência salarial, o Princípio da igualdade remuneratória, o Princípio da irredutibilidade e o princípio da relativa intangibilidade da retribuição.

Constituindo o salário o meio de sustento principal, ou mesmo exclusivo, do trabalhador não pode a fixação do seu valor ser deixada, totalmente, à autonomia das partes devendo o legislador em cumprimento do comando constitucional contido na alínea a) do nº 1 e na alínea a) do nº 2 do artº 59º da CRP, fixar o valor do salário mínimo nacional – *Principio da suficiência* –, já que «a retribuição não pode descer abaixo de um valor determinado, que é considerado o valor mínimo para prover às necessidades básicas de sobrevivência do trabalhador e da sua família.»[168]

Na verdade, como refere ANTÓNIO MONTEIRO FERNANDES[169], inexiste um verdadeiro salário mínimo nacional já que «o sentido normativo

[168] RAMALHO, MARIA DO ROSÁRIO PALMA, *Tratado de Direito do Trabalho*, p. 515.
[169] FERNANDES, ANTÓNIO MONTEIRO, *Direito do Trabalho*, p. 409.

desta noção engloba uma conotação de suficiência que, para ser correspondida, implicaria a correlação com um mínimo de subsistência familiar previamente determinado» o que não sucede pelo que a palavra "mínimo" significa, mais rigorosamente, "irredutível" sendo proibida a fixação de remuneração inferior àquele referencial.

A natureza alimentar do crédito retributivo justifica também a especial tutela de que o crédito beneficia. Está aqui em causa o *Princípio da irredutibilidade da retribuição* de acordo com o qual o valor da retribuição não pode ser diminuído exceto nos casos previstos na lei ou por Instrumento de regulamentação coletiva do trabalho – artº 129º do CT – e o *Princípio da relativa intangibilidade da retribuição* de acordo com o qual, pelo menos uma parte da retribuição do trabalhador nunca lhe pode ser retirada. Deste Princípio decorre a inadmissibilidade da compensação integral da retribuição em divida com créditos da entidade patronal sobre o trabalhador e a limitação da compensação ao valor de um sexto da retribuição nas hipóteses em que a compensação é de admitir como prescreve o artº 279º do CT. Do Princípio da intangibilidade decorre ainda a parcial insusceptibilidade de cessão do crédito retributivo – artº 280º do CT -, vencido ou futuro, quer na pendência da relação laboral quer após a respetiva cessação e, bem assim, a irrenunciabilidade do crédito retributivo que, acompanhando João Leal Amado, consideramos dever manter-se após a cessação do contrato de trabalho.[170]

Assim, a questão que se coloca é, considerando a especial tutela do crédito laboral e a respetiva proteção constitucional, será de admitir a redução do crédito do trabalhador reclamado no âmbito do PER?

Sobre a questão já nos pronunciamos anteriormente[171], defendendo então, como agora, que os créditos decorrentes da execução do contrato, sejam a retribuição base, as diuturnidades, as férias, os subsídios de férias e de Natal ou quaisquer outros acréscimos remuneratórios já vencidos, não podem ser objeto de qualquer redução sob pena de violação do princípio da irredutibilidade[172]. Sendo reclamados e abrangidos pelo plano de

[170] Amado, João Leal, *A protecção do salário, p. 216 e sgts.*

[171] Miranda, Marlene, *Repercussões do Processo Especial de Revitalização na efetividades dos créditos laborais*, pp 193-201.

[172] De acordo com o Princípio da irredutibilidade da retribuição, o valor da retribuição não pode ser diminuído, exceto nos casos previstos no código do trabalho ou em instrumento de regulamentação coletiva de trabalho – Cf. Alínea d) do nº 1 do art. 129º do CT.

recuperação créditos já constituídos à data do início do processo a garantia de irredutibilidade deverá estender-se a todos os acréscimos remuneratórios (ex.: pagamentos devidos por trabalho noturno, por isenção de horário de trabalho, por trabalho suplementar ou por trabalho em regime de turnos) mesmo aqueles que não possam considerar-se retribuição em sentido estrito (e que por isso não serão irredutíveis). Segundo pensamos, a exclusão desses acréscimos do âmbito de aplicação do principio da irredutibilidade significa, apenas, que o trabalhador pode ver a sua retribuição reduzida por perda desses acréscimos se o modo de execução do trabalho que lhes serve de fundamento se alterar, isto é, se o trabalhador deixar de prestar o trabalho noturno, se deixar de prestar trabalho suplementar, deixar de trabalhador por turnos ou deixar de ter a isenção de horário de trabalho, mas não consente a redução de tais créditos depois de os mesmos se terem constituído, daí que entendemos que quaisquer créditos decorrentes da execução do contrato de trabalho devem ser considerados irredutíveis[173]

[173] Como já defendemos no passado não deverá considerar-se aplicável, para justificar a redução dos créditos dos trabalhadores decorrentes da execução do contrato a disciplina do DL nº 353-H/77 de 29/08 aplicável às empresas declaradas em situação económica difícil e que, no caso de empresa declarada em situação económica difícil admite a redução das condições de trabalho vigentes na empresa aos mínimos fixados nos IRC. Com efeito, com a aprovação do Código do Trabalho de 2003 e posteriormente, do Código do Trabalho de 2009 o mencionado decreto-lei de forma alguma autoriza a redução dos créditos retributivos. Efetivamente, o DL 49 408 de 24-11-69 que aprovou o regime jurídico do Contrato de Trabalho previa na alínea c) do 21º, sob a epígrafe Garantias do Trabalhador, que «É proibido à entidade patronal diminuir a retribuição, salvo nos casos previstos na lei, nas portarias de regulamentação de trabalho e nas convenções coletivas ou quando, precedendo autorização do Instituto Nacional do Trabalho e Previdência, haja acordo do trabalhador». Na vigência do DL 49 408 de 24-11-69, a retribuição poderia ser diminuída nos casos previsto na lei, como era o caso do DL 353-H/77 de 29/8, mas, com a entrada em vigor da L 99/2013 de 27 de Agosto que aprovou o Código do Trabalho (de 2003) passou a estabelecer-se na alínea d) do artº. 122º que «É proibido ao empregador diminuir a retribuição, salvo nos casos previstos neste código e nos instrumentos de regulamentação coletiva de trabalho.» Igualmente, o Código do Trabalho atualmente em vigor, aprovado pela L nº 7/2009 de 12 de fevereiro prevê na alínea d) do artº. 129º que «É proibido ao empregador diminuir a retribuição, salvo nos casos previstos neste código e nos instrumentos de regulamentação coletiva de trabalho.»
Nessa conformidade, na vigência do CT de 2003 e do atual CT a aplicação do previsto no DL 353-H/77 de 29/8 não autoriza qualquer diminuição da retribuição. Se o legislador pretendesse que a irredutibilidade pudesse ser afastada por qualquer outra norma legal, não contida no CT teria, por certo, mantido a redação do artº. 21º do Decreto-lei 49 408, o que não fez, pelo que nos resta concluir que quis limitar as situações em que a retribuição pode ser reduzida àquelas que sejam prevista no CT e em regulamentação coletiva de trabalho.

e ficar "a salvo" de qualquer perdão ou redução. Esta "impossibilidade de redução" dos créditos decorrentes da execução do contrato deve ocorrer, também, quanto a créditos de que seja titular ex-trabalhador da devedora, sob pena de violação do princípio da igualdade.[174]

Deve o artº 196º do CIRE ser interpretado restritivamente, recusando-se a homologação de planos de recuperação que prevejam o perdão, ainda que parcial, de crédito do trabalhador emergente da execução do contrato de trabalho e bem assim dos créditos que, por lei, se devem considerar irrenunciáveis[175]. Com efeito, só operando a interpretação restritiva que propomos se poderá respeitar o princípio da igualdade já que, não se suspendendo, à luz da nova lei, as execuções para cobrança de créditos laborais, poderia dar-se o caso de trabalhadores, que já dispusessem de título executivo, receberem a totalidade do respetivo crédito enquanto os demais ficariam privados da cobrança de parte do seu crédito. A interpretação restritiva é também exigida pelo disposto no artº 59º da CRP.

A nosso ver, os créditos decorrentes da execução do contrato não podem ser reduzidos, atento o princípio da irredutibilidade, nem pode prever-se para os mesmos um prazo de pagamento muito dilatado considerando que o que está em causa é, o mais das vezes, a satisfação de necessidades essenciais do trabalhador e do respetivo agregado familiar que não se compadecem com a previsão de período de carência ou prazos dilatados de pagamento. De facto, um prazo demasiado alargado poderá pôr em perigo a satisfação daquelas necessidades o que, segundo pensamos, não pode ser admitido.

A propósito, no acórdão do TRG de 04/04/2017 (Maria dos Anjos Nogueira), que analisava plano onde se previa uma redução dos créditos

[174] Em sentido diverso, sustentando que o Princípio da irredutibilidade não impede a redução dos créditos salariais pelo plano de recuperação Nuno Lemos Jorge – Nuno Lemos Jorge – *Os efeitos do Per e da insolvência sobre as ações laborais, p. 312.* Se bem lemos a posição expressa pelo autor, tem a mesma na sua base a ideia de que, quem opera a redução do crédito laboral não é o empregador/devedor mas o conjunto dos credores que não estariam abrangidos por aquela limitação. Como já defendemos, não podemos concordar com tal posição que desconsidera a circunstância de o plano ser criação da empregadora e não dos seus credores que apenas o votam favorável ou desfavoravelmente. O conteúdo do plano é da lavra do devedor/empregador pelo que é também dele a iniciativa da, eventual, redução do crédito laboral.

[175] Veja-se o disposto no artº. 12º e no artº. 78º do L nº 98/2009, de 4 de setembro. No sentido de que não podem ser afetados pelo PER os créditos resultantes de acidente de trabalho ou doença profissional, por se tratar de créditos irrenunciáveis decidiu o acórdão do TRG de 25/06/2015 (Antero Veiga).

laborais em 20% e um período de carência de 12 meses, argumentou-se que «não é minimamente ponderada a natureza especial dos créditos laborais, constitucionalmente consagrada, nem as especiais garantias que a CRP, no seu artº 59º, confere aos créditos laborais, intimamente relacionados com o direito a uma vida digna, de natureza alimentar, essencial à vida e à subsistência pessoal do trabalhador, e que, com a aprovação e homologação dos planos de recuperação em causa ficam, ainda que parcialmente, anuladas» concluindo-se no acórdão que «embora entendamos que a análise deve ser casuística, parece-nos evidente que qualquer plano que preveja o perdão de créditos referentes à execução do contrato de trabalho não é conforme à legislação (laboral) nem às garantias constitucionais conferidas ao salário, quando os demais créditos equiparados não sofrem qualquer redução. O mesmo sucede com a dilação no tempo do pagamento previsto, que deve ser razoável e, no limite, não deve impedir o exercício dos direitos do trabalhador inerentes a tal pagamento.»

Na verdade, sendo o crédito salarial parcialmente insuscetível de cessão é também, por maioria de razão, irrenunciável. Acompanhamos João Leal Amado quando refere que «o crédito salarial deve considerar-se irrenunciável, no mínimo, em medida igual àquela em que é insuscetível de cessão»[176] Tal como o autor pensamos que essa irrenunciabilidade se mantém mesmo após a cessação do contrato de trabalho porque encontra a sua justificação na natureza alimentar do crédito salarial, natureza que não se altera com a cessação do contrato.

De todo o modo, no contexto de um procedimento concursal, em que podem reclamar créditos trabalhadores cujos contratos de trabalho ainda se mantém e trabalhadores cujos contratos já cessaram julgamos não poder haver tratamento diferenciado entre trabalhadores, pelo que em ambos os casos, quer o contrato ainda vigore ou já tenha cessado, os créditos decorrentes da execução do contrato não devem ser reduzidos.

Note-se que, podem efetivamente estar em causa créditos de trabalhadores cujos contratos de trabalho ainda se encontram em vigor e que a generalidade da doutrina e jurisprudência considera irrenunciáveis. Se são irrenunciáveis, imprescritíveis (enquanto o contrato se mantém, como poderá admitir-se que possam ser reduzidos no âmbito do PER, quer o trabalhador dê ou recuse o seu acordo. Se o trabalhador não pode

[176] João Leal Amado, *Contrato de trabalho*, pp. 315-316.

renunciar ao crédito como poderá admitir-se que a respetiva redução lhe possa ser imposta?

Por outro lado, atentos os baixos salários praticados na economia nacional, em que grande parte dos trabalhadores auferem retribuição equivalente ao salário mínimo nacional, julgamos que não poderá admitir-se redução da qual resulte o pagamento ao trabalhador de retribuição inferior àquele SMN sob pena de violação do princípio da suficiência salarial.

Relativamente aos créditos não retributivos, designadamente os créditos emergentes da violação ou da cessação do contrato de trabalho, pensamos que a sua, eventual, redução terá que respeitar o limite da impenhorabilidade previsto no artº 738º do CPC.[177] Uma vez que as indemnizações e compensações por cessação de contrato de trabalho visam garantir a subsistência do trabalhador durante algum tempo após a cessação do respetivo contrato de trabalho, atenuando os feitos adversos que tal cessação tem na situação económica do trabalhador, devem tais créditos considerar-se abrangidos pelos limites de impenhorabilidade previstos no artº. 738º do CPC vigorando, relativamente aos mesmos a limitação imposta pelo artº. 280º do CT. Veja-se a propósito o acórdão do TRP de 20/02/2017 onde se pode ler que «Pese embora na dogmática não se revele pacífica a natureza jurídica dessa compensação, os autores convergem, contudo, no sentido de que essa atribuição patrimonial tem como função primordial ressarcir, ou atenuar especialmente, os prejuízos decorrentes da perda de emprego, consubstanciada na atribuição ao trabalhador de uma quantia pecuniária de montante variável em função da respetiva retribuição e de acordo com a sua antiguidade, visando reparar o dano emergente da cessação do vínculo laboral, permitindo ao trabalhador auferir fundos adicionais como meio de providenciar ao seu sustento (e, não raro, de todo o seu agregado familiar) enquanto não encontra um novo emprego.»

[177] O crédito laboral é, tendencialmente irrenunciável. Note-se que, em processo de trabalho, e ao contrário do que sucede no âmbito do processo civil, é possível a condenação para além do pedido (artº. 74º do Código do Processo do Trabalho). Como defende João Leal Amado, *Contrato de Trabalho,,* p. 315, «a irrenunciabilidade é outrossim reclamada pela natureza do próprio direito ao salário, enquanto direito marcado por uma nota fortemente alimentar, sendo evidente que a função alimentar da retribuição não se altera com a cessação do contrato, pelo que, como se disse, não se vislumbram razões válidas para baixar a guarda ao direito ao salário após a extinção do vínculo laboral» e mantém-se mesmo após a cessação do contrato de trabalho, pelo menos na medida da impenhorabilidade prevista no artigo 738º do CPC.

Por outro lado, considerando que as garantias previstas para os créditos laborais nos artºs 333º a 336º do CT protegem não só os créditos emergentes do contrato de trabalho, mas também os emergentes da sua violação ou cessação seria contraditório não considerar todos esses créditos parcialmente impenhoráveis e indisponíveis por aplicação do disposto no artº 738º nº 1 do CPC e no artº 280º do CT pelo que, a eventual redução do crédito, prevista no plano de recuperação não pode desrespeitar os limites impostos pelo artº 738. º do CPC e apenas deverá ser admitida quando se mostre absolutamente indispensável à recuperação da empresa e idêntica redução for proposta para os demais créditos.

Em nossa opinião os tribunais têm admitido, com demasiada amplitude, a redução dos créditos laborais, sejam créditos retributivos, sejam créditos compensatórios ou indemnizatórios.[178] Com já escrevemos, a questão é analisada, sempre e apenas, sob o prisma do princípio da igualdade entre credores, isto é, a questão equacionada não é a de saber se o crédito laboral pode ou não sofrer a alteração proposta [(i)modificabilidade absoluta], mas se idêntica alteração é proposta para os demais créditos [(i)modificabilidade relativa], quando, a nosso ver, os créditos laborais não podem ser comparados a quaisquer outros. Alguns tribunais admitem mesmo a modificação do crédito laboral em circunstâncias em que não são impostas idênticas modificações a créditos de idêntica categoria. Veja-se a título de exemplo o decidido no acórdão do TRP de 13/04/2015 em cujo sumário se pode ler que: «I – No âmbito do processo de revitalização, uma solução que permita salvaguardar a manutenção de postos de trabalho, em alternativa à colocação na situação de desemprego de todos os trabalhadores, na actual conjuntura, assume enorme relevância, pois, enquadra-se na filosofia geral da lei, que privilegia a manutenção do devedor no giro comercial, relegando para segundo plano a liquidação do seu património sempre que se mostre viável a sua recuperação. II – O princípio da igualdade dos

[178] Acompanhamos JÚLIO GOMES quando afirma que «Quem, proveniente da "área" do direito do trabalho, entrasse há poucos anos nos domínios do direito da insolvência – mais precisamente no processo de insolvência e no PER – poderia acreditar estar a entrar na quinta dimensão ou em uma espécie de "Twilight zone", em que os direitos dos trabalhadores aos créditos salariais, ainda que garantidos com privilégios creditórios que sobrevivem à declaração de insolvência do empregador, sofriam ou podiam sofrer uma profunda mutação ou mesmo amputação em um qualquer plano de recuperação ou, até, de revitalização (...)» Cfr. JÚLIO GOMES, *O RERE e os Créditos laborais*, p. 43.

credores, consagrado no art. 194º do CIRE não impede que seja dado tratamento diversificado a credores em função da sua categoria nem afasta a possibilidade de, entre credores inseridos na mesma classe e dotados de semelhantes garantias creditórias, se estabelecerem diferenciações desde que a estas presidam critérios de proporcionalidade, dado serem justificadas por circunstâncias objectivas».

A recente entrada em vigor da lei nº 9/2022 de 11 de janeiro não permitiu verificar se os tribunais superiores manterão esta "linha de pensamento" ou se alterarão o prisma pelo qual vinham analisando a questão. Como já defendemos no passado, a questão do eventual perdão, ainda que parcial, do crédito laboral é analisada sob o prisma do princípio da igualdade entre credores, analisando os tribunais se, o eventual tratamento diferenciado, é ou não justificado por razões objetivas não curando nunca o tribunal de aferir, à luz do princípio constitucional plasmado no artigo 59º da CRP, se o perdão é indispensável ao objetivo recuperatório e se respeita a natureza alimentar do crédito laboral.

Estamos em crer que a diretiva constitui um importante documento a considerar na avaliação do conteúdo do plano de recuperação. Na verdade, resulta clara da diretiva a intenção do legislador comunitário em reforçar a proteção dos trabalhadores surpreendidos pelo processo de restruturação de créditos impulsionado pela sua empregadora. Efetivamente, logo no considerando primeiro se afirma que a diretiva visa eliminar obstáculos à livre circulação de capitais e liberdade de estabelecimento que resultam da desarmonização das legislações nacionais sobre restruturação preventiva, insolvência e perdão de dívidas, mas «Sem afetar os direitos e liberdades fundamentais dos trabalhadores».

Ora, nenhum direito do trabalhador é mais fundamental que o direito a receber a retribuição devida pelo trabalho prestado, direito que, se não «se confunde com o direito à vida»[179] a verdade é que «constitui uma necessidade vital» do trabalhador pelo que o interesse na recuperação do devedor terá de ceder perante o direito do trabalhador a ser remunerado pelo trabalho prestado, sem qualquer limitação ou constrangimento. Nessa medida, planos que prevejam a redução do crédito laboral, pelo menos no que se refere àquele que decorre da execução do contrato, não respeitarão a lei constitucional e deverão, por isso, ser rejeitados.

[179] Leite, Jorge, *Direito do Trabalho.*

4.5. O PER e a responsabilidade de terceiros perante o trabalhador

Resulta do nº 11 do artº 17º-F do CIRE que o plano de recuperação e o que nele se prevê vincula a empresa devedora e os credores relativamente aos créditos constituídos à data da nomeação do AJP. Ou seja, o plano não vincula terceiros que eventualmente respondam pelas dívidas da empresa não podendo os terceiros opor aos credores qualquer perdão ou moratória prevista no plano. Isso mesmos resulta do nº 4 do artº 217º do CIRE, aplicável ao PER por força do nº 3 do artº 17º-A do CIRE. Assim, as providências previstas no plano de recuperação, e bem assim no plano de insolvência, com incidência no passivo do devedor, não afetam a existência nem o montante dos direitos dos credores, designadamente aqueles que votem favoravelmente o plano, contra os codevedores ou os terceiros garantes da obrigação. Daqui resulta que a pendência do PER e a aprovação do plano não afetam a eventual responsabilidade de terceiros pelas dívidas da empresa ao trabalhador, mantendo plena e irrestrita aplicação o disposto no artº 334º do CT pelo que consideramos apropriado tecer, a esse propósito, algumas, breves, considerações.

Cada vez mais a realidade das estruturas empresarias se complexifica. A crescente competitividade da economia obriga a que, muitas vezes, as organizações económicas se agrupem e associem, por vezes informalmente, por forma a potenciar o lucro, rentabilizando e aplicando o mais eficientemente possível os escassos recursos. Surgem também ao nível empresarial experiências colaborativas mais ou menos informais, que por isso escapam, amiúde, à regulamentação legal. Se é verdade que existem situações formais e por isso mais claras, de grupos de sociedades, existem também situações em que, não sendo possível formalmente identificar uma relação de domínio ou de grupo tal como definida na lei existe de facto, e na realidade, uma partilha de meios que não poderá deixar de ter reflexos da proteção dos trabalhadores das entidades que assim se organizam. Também nesta sede a materialidade terá de sobrepor-se.

Estabelece o artº 334º do CT que «por crédito emergente de contrato de trabalho, ou da sua violação ou cessação, vencido há mais de três meses, respondem solidariamente o empregador e sociedade que com este se encontre em relação de participações recíprocas, de domínio ou de grupo, nos termos previstos nos artigos 481º do Código das Sociedade Comerciais.» [180]

[180] A responsabilidade não é totalmente solidaria, já que, apesar de não se exigir a excussão prévia do património do empregador a responsabilidade das sociedades coligadas depende de

Da norma citada resulta a inexistência de um conceito juslaboral de grupo empresarial, remetendo o CT para o Código das Sociedades Comerciais, o que desde logo configura uma limitação à proteção conferida ao trabalhador[181]. Por outro lado, tal norma confere ao trabalhador uma proteção que vai além daquela outra conferida à generalidade dos credores pelo artº 501º do CSC, que estabelece a responsabilidade solidaria da sociedade mãe pelas dividas da sociedade filha, na medida em que o trabalhador pode exigir o pagamento do respetivo crédito não só à sociedade mãe mas também a outras sociedades que integrem o grupo, inclusive sociedades-filhas da sua empregadora,[182]mas, ao remeter para o CSC a norma limitou a sua proteção aos trabalhadores integrados em sociedades comerciais, que possam, à luz do direito comercial, ser consideradas como estando, entre si, em relação de participações reciprocas[183], de domínio[184] ou de grupo[185], excluindo

prévio incumprimento do empregador. E, não é qualquer incumprimento já que o crédito tem de estar vencido há mais de 3 meses. Rita Garcia Pereira fala de uma responsabilidade objetiva pelo risco de escassez do património da sociedade empregadora. Cfr. Rita Garcia Pereira, *A Garantia dos Créditos Laborais no Código do Trabalho,* p. 206.

181 Tenha-se presente que o acórdão do Tribunal Constitucional nº 272/2021 declarou a inconstitucionalidade, com força obrigatória geral, da interpretação conjugada das normas contidas no artigo 334º do Código do Trabalho e no artigo 481º, nº 2, proémio, do Código das Sociedades Comerciais, na parte em que impede a responsabilidade solidária da sociedade com sede fora de território nacional, em relação de participações recíprocas, de domínio ou de grupo com uma sociedade portuguesa, pelos créditos emergentes da relação de trabalho subordinado estabelecida com esta, ou da sua rutura, por violação do princípio da igualdade, consagrado no artigo 13º da Constituição.

182 Como refere Rita Garcia Pereira a norma em causa tem em vista o reforço da proteção dos trabalhadores em face das limitações do regime do artº 501º do CSC. Cfr. Rita Garcia Pereira, *A Garantia dos Créditos Laborais no Código do Trabalho,* p. 190.

183 De acordo com o disposto no artigo 485º do CSC considera-se que duas sociedade se encontram em relação de participações recíprocas quando cada uma delas detém no capital social da outra participação de pelo menos 10% do capital da participada.

184 Nos termos do disposto no nº 1 do artº 486º do CSC considera-se que duas sociedades estão em relação de domínio quando uma delas, dita dominante, pode exercer, directamente ou por sociedades ou pessoas que preencham os requisitos indicados no artigo 483º, nº 2, sobre a outra, dita dependente, uma influência dominante.

185 Estão em causa situações de domínio total, inicial ou superveniente e de contrato de subordinação. Esta é a forma mais intensa de coligação de sociedades. A disciplina jurídica encontra-se regulada nos artigos 488º e ss, sendo que, contrariamente ao que sucede com outros tipos de coligação, encontramos agora uma especial preocupação de tutelar as «sociedades filhas» (sócios e credores), pois, no caso em apreço, o «interesse do grupo» prevalece sobre os interesses de cada uma das sociedades, dominadas por uma direcção económica unitária. São

assim, por exemplo, sociedade irmãs, que não tendo relação entre si são dominadas pela mesma sociedade mãe, as sociedade que se encontrem, de facto, mas não de direito, em relação de grupo e as sociedade civis.

Note-se que, da aplicação do disposto no artº 334º do CT não resulta (nem está subjacente) qualquer alteração subjetiva da relação laboral. A sociedade que assume a qualidade de entidade patronal não deixa de ter esse estatuto e as demais pessoas coletivas não passam a ser sujeitos da relação laboral. Por outro lado o trabalhador não tem que demonstrar a prática, pelas sociedades abrangidas, de um qualquer comportamento capaz de fazer perigar o ressarcimento do seu crédito, já que a norma prevê uma responsabilidade solidaria – apesar de o crédito ter que estar vencido há três meses o trabalhador não tem que, previamente, excutir o

vários os subtipos de grupos: **1)** grupo constituído por subordinação: Nos termos do artigo 493º do CSC: «1. Uma sociedade pode, por contrato, subordinar a gestão da sua própria actividade à direcção de uma outra sociedade, quer seja sua dominante ou não. 2. A Sociedade directora forma um grupo com todas as sociedades por ela dirigidas, mediante contrato de subordinação, e com todas as sociedades por ela integralmente dominadas, directa ou indirectamente.» Este tipo de grupo caracteriza-se pela subordinação e pela gestão que passa a caber à sociedade diretora, com poder para orientar, segundo o seu interesse e vontade toda a atividade da sociedade dirigida. Nos termos do artigo 503º, nº 1, do CSC, «... a sociedade directora tem o direito de dar à administração da sociedade subordinada instruções vinculantes». O nº 2 do artigo 503º do CSC prevê que «[...] podem ser dadas instruções desvantajosas para a sociedade subordinada, se tais instruções servirem os interesses da sociedade directora ou de outras sociedades do mesmo grupo.» Os poderes da sociedade diretora são tão amplos que poderão incluir, não apenas a "politica empresarial" mas as decisões de gestão diária nos mais diversos setores, produtivos, comerciais, de pessoal e nessa medida podem ser emitidas recomendações que contendam, direta ou indiretamente, com os trabalhadores da sociedade subordinada. **2)** grupo constituído por domínio total (inicial ou superveniente): nos termos do artigo 488º do CSC, a relação de grupo sob a forma de domínio total inicial surge quando uma sociedade, através de escritura pública, cria uma sociedade de cujo capital é a única titular. Se a sociedade adquirir, de forma directa ou indirecta, todas as acções ou quotas de uma sociedade já constituída, passando, na ausência de outros sócios, a dominá-la por completo, o domínio constitui-se a título superveniente (artigo 489º do CSC). O regime jurídico deste tipo de sociedades é sobreponível ao regime aplicável ao contrato de subordinação. **3)** grupo contratual paritário: caracteriza-se pela circunstância de duas ou mais sociedades, que não sejam dependentes, nem entre si, nem de outras sociedades, constituírem um grupo de sociedades, mediante contrato, pelo qual aceitem submeter-se a uma direção unitária e comum. A «direção unitária» pode ir desde a criação de um órgão especial de direção, em que participam todas as sociedades (como se deduz do artigo 492º, nº 4), até às ligações pessoais entre administrações, ou reuniões regulares entre os presidentes dos Conselhos de Administração.

património da sua entidade patronal, para poder acionar as demais sociedades – e objetiva – na medida em que não está relacionada com a pratica de qualquer comportamento das sociedades capaz de prejudicar o trabalhador visando acautelar o risco da eventual insuficiência do património da sociedade empregadora. O trabalhador não tem de provar a existência de direção unitária económica ou social, bastando-lhe «provar a existência de sociedades que se encontrem entre si numa relação de participação recíproca, de domínio ou de grupo, nos termos dos artigos 481º e seguintes, do Código das Sociedades Comerciais.»[186]

A limitação da proteção que a norma confere aos trabalhadores resulta do facto de não se adotar uma noção juslaboral de grupo de empresas, que incluísse todas as situações em que diversas empresas tenham uma direção unitária ou em que o centro de decisão se situe, de algum modo, fora da empresa e esteja entregue a outra ou outras sociedades, optando-se por fazer a proteção depender da existência da coligação de sociedades nos termos do direito comercial. Efetivamente, se esta proteção existe porque se reconhece que a situação do trabalhador fica fragilizada naquelas situações em que haja a possibilidade de decisões tomadas por outrem, que não o seu empregador, o afetarem, então deveria, obviamente, estender-se a todas as realidades em que esse prejuízo pode ocorrer.

É certo que a situação do trabalhador também terá de ser analisada à luz do disposto no artigo 101º do CT que, além de se aplicar nas situações em que exista uma relação de grupo, de domínio ou de participações recíprocas também tem aplicação quando exista uma estrutura organizativa comum não subsumível às expressamente previstas no artº 334º do CT. Tendo o trabalhador várias entidades empregadoras, sendo que a situação de pluralidade de empregadores pode ser originária ou superveniente[187], todas elas são responsáveis pelo cumprimento das obrigações resultantes do contrato de trabalho, designadamente, o pagamento dos créditos devidos ao trabalhador. Está, pois, em causa situação em que o trabalhador está juridicamente subordinado a vários empregadores que podem estar ligados entre si apenas pela existência de uma estrutura organizativa comum e não já uma relação de grupo, de domínio ou de participações recíprocas

[186] Cf. Ac. do STJ de 09/11/2011 (Relator Sampaio Gomes).

[187] Catarina de Oliveira Carvalho fala na "adesão de um terceiro a um contrato pré-existente". Cfr. Catarina de Oliveira Carvalho, *Contrato de trabalho e pluralidade de empregadores*, p. 239.

como no caso do artigo 334º do CT. Assim, para que a estrutura organizativa comum exista basta que os «empregadores partilhem mais do que a posição jurídica de credor da prestação de trabalho, A actividade económica que prosseguem tem de se servir de instalações, equipamentos, ou recursos que, sendo característicos da actividade desenvolvida, estão à disposição de todos.»[188]

Do exposto resulta que a admissibilidade da pluralidade de empregadores depende da verificação de requisitos substantivos – a existência de sociedade coligadas ou estrutura organizativa comum, aqui, independentemente da natureza societária – e formais – o contrato tem de ser reduzido a escrito.[189]

Apesar do artº 101º do CT impor a redução a escrito do contrato de trabalho e considerar que, na sua falta, o trabalhador terá de optar por um único empregador a jurisprudência vem aplicando a sua disciplina a situações em que falhou a redução a escrito, como corolário do princípio da primazia da realidade[190] considerando que, essencial é a demonstração da

[188] Luís Miguel Monteiro, *apud* Fátima Reis Silva, *Grupos de Empresas: os créditos dos trabalhadores em situação de insolvência*, p. 21.

[189] Catarina de Oliveira Carvalho, esclarece que além dos casos de coligações empresariais que não possam considerar-se em relação de grupo, de domínio ou participações recíprocas, como por exemplo as relações de simples participação, estão abrangidas outras sociedades além das sociedades por quotas, anónimas e em comandita por ações, e mesmo entidades empresariais que não sejam, sequer, sociedades e bem assim «formas de colaboração interempresarial com carácter estável». Advoga a autora, no que acompanhamos, que estão também incluídas entidades que mantenham estruturas organizativas comuns, nomeadamente no contexto do exercício de profissões liberais. Cfr. Catarina de Oliveira Carvalho, *Contrato de trabalho e pluralidade de empregadores*, p. 224.

[190] No Ac. do TRC de 20/04/2016 (Relator Jorge Arcanjo) pode ler-se que «A caracterização da pluralidade de empregadores, nos termos do artº 101º do CT, não obsta a circunstância de os trabalhadores apenas haverem formalizado o contrato com um deles, quer se convoque a teoria do levantamento da personalidade colectiva do empregador formal, quer se justifique com o princípio da primazia da realidade subjacente. Alegando-se que duas sociedades em relação de simples participação têm a mesma gerência, os autores/trabalhadores prestavam indistintamente o seu trabalho, tanto para uma como para outra sociedade, com subordinação jurídica e económica, sendo os equipamentos e os instrumentos de trabalho pertencentes a ambas, o trabalho é realizado em ambas as instalações industriais, estamos perante uma situação de "estruturas organizativas comuns". Existe uma "pluralidade de empregadores" (contitularidade sucessiva) se tendo os trabalhadores formalizado inicialmente o contrato de trabalho com uma das sociedades passaram depois da constituição da outra (participada) a trabalhar para ambas as sociedades no mesmo processo produtivo, com a mesma subordinação

existência de subordinação jurídica do trabalhador relativamente a todos os empregadores. De todo o modo, para se valer da proteção conferida pelo artigo 101º do CT, e não estando em causa sociedades em relação de grupo, de domínio ou participações recíprocas, o trabalhador, além de ter de alegar e provar a subordinação jurídica relativamente a todos os empregadores, tem de demonstrar a existência de uma estrutura organizativa comum.

Em inúmeras situações, que escapam ao apertado crivo do artº 334º e 101º do CT, restará ao trabalhador lançar mão do mecanismo do levantamento ou desconsideração da personalidade coletiva. Como refere RITA GARCIA PEREIRA[191] «a pessoa coletiva não é um bem absoluto, sendo ao invés um instrumento para a realização de interesses humanos, motivo pelo qual a sua utilização ilícita não deve merecer protecção do ordenamento jurídico.» O que se pretende é impedir que usos fraudulentos e abusivos da personalidade coletiva prejudiquem terceiros.[192] A figura tem caracter subsidiário, de *ultima ratio* sendo certo que para se valer da mesma o tra-

económica e jurídica, dentro de uma organização comum. A falta de documento escrito, imposto no art. 101º, nº 2 CT (com todos os empregadores) não inibe o trabalhador de invocar a pluralidade de empregadores. Se é certo que a falta de redução a escrito impõe que o trabalhador opte por um dos empregadores invalidando o outro contrato de trabalho, tal não impede a produção dos respetivos efeitos, como se válido fosse, em relação ao período durante o qual foi executado, como decorre do nº 1 do artigo 122º do CT.

[191] Cfr. RITA GARCIA PEREIRA, *A Garantia dos Créditos Laborais no Código do Trabalho*, p. 199.

[192] Pode ler-se no Ac. do TRC de 03/07/2013 (Relator Felizardo Paiva) que «A desconsideração ou levantamento da personalidade colectiva surgiu na doutrina e, posteriormente, na jurisprudência como meio de cercear formas abusivas de actuação, que ponham em risco a harmonia e a credibilidade do sistema. No fundamental, ela traduz-se numa delimitação negativa da personalidade colectiva por exigência do sistema ou "exprime situações nas quais, mercê dos vectores sistemáticos concretamente mais poderosos, as normas que firmam a personalidade colectiva são substituídas por outras normas.O recurso a esse instituto é possível quando ocorram situações de responsabilidade civil assentes em princípios gerais ou em normas de protecção, nomeadamente dos credores, ou em situações de abuso de direito e não exista outro fundamento legal que invalide a conduta do sócio ou da sociedade que se pretende atacar, ou seja, a desconsideração tem carácter subsidiário. De entre elas avultam a confusão ou promiscuidade entre as esferas jurídicas de duas ou mais pessoas, normalmente entre a sociedade e os seus sócios (ainda que não tenha de ser obrigatoriamente assim); a subcapitalização da sociedade, por insuficiência de recursos patrimoniais necessários para concretizar o objecto social e prosseguir a sua actividade; e as relações de domínio grupal. Em todas estas situações verifica-se que a personalidade colectiva é usada de modo ilícito ou abusivo para prejudicar terceiros, existindo uma utilização contrária a normas ou princípios gerais, incluindo a ética dos negócios. A desconsideração tem de envolver sempre um juízo de reprovação sobre a conduta do agente, ou seja, envolve sempre a formulação de um juízo

balhador terá de demonstrar, não só que ocorreu um abuso da personalidade coletiva, seja pela confusão de patrimónios, seja pela subcapitalização, mas também que esse abuso é causa direta e necessária de um determinado dano. Cumprido tal ónus de prova, que, assuma-se, é de monta, o trabalhador poderá responsabilizar o verdadeiro "puppet master" que assim responderá solidariamente, com o empregador, perante o trabalhador.[193] Como resulta do Ac. do STJ de 07/11/2017 (Relator Alexandre Reis) «O princípio da atribuição da personalidade jurídica às sociedades e da separação de patrimónios, ficção jurídica que é, não pode ser encarado, em si, como um valor absoluto e não pode ter a natureza de um manto ou véu de proteção de práticas ilícitas ou abusivas – contrárias à ordem jurídica –, censuráveis e com prejuízo de terceiros» pelo que «quando exista uma utilização da personalidade coletiva que seja, ou passe a ser, instrumento de abusiva obtenção de interesses estranhos ao fim social desta, contrária a normas ou princípios gerais, como os da boa fé e do abuso de direito, relacionados com a instrumentalização da referida personalidade jurídica, deve atuar a desconsideração desta, depois de se ponderarem os verdadeiros interesses em causa, para poder responsabilizar os que estão por detrás da autonomia (ficcionada) da sociedade e a controlam.»

Logrando o trabalhador responsabilizar terceiro pelos créditos em divida pelo empregador, ainda que venha a ser aprovado Plano de recuperação que preveja a redução do crédito do trabalhador ou alguma moratória, não terá o mesmo qualquer efeito sobre a responsabilidade do terceiro perante o trabalhador como supra se avançou.[194] A eventual redução do

de censura e deve revelar-se ilícita, havendo que verificar se ocorre uma postura de fraude à lei ou de abuso de direito.

[193] Veja-se a propósito o Ac. do TRC de 18/05/2018 (Relatora Paula Maria Roberto) onde se considerou que «Não se podendo concluir que a personalidade coletiva foi usada de modo ilícito ou abusivo para prejudicar terceiros e não havendo fundamento para a formulação de um juízo de censura sobre a conduta do agente por não se afigurar ilícita, de fraude à lei ou em abuso do direito, nomeadamente que a cisão teve como objetivo diminuir o património da 2ª Ré e, em consequência, dificultar ou impedir a cobrança dos créditos por parte dos seus trabalhadores, inexiste fundamento legal para a desconsideração da personalidade coletiva e consequente responsabilidade da 1ª Ré.»

[194] Equacionando as, eventuais, restrições contratuais à solidariedade prevista no artº 334º do CT, Jorge Ribeiro Mendonça defende que, sendo celebrado entre empregador e trabalhador acordo quanto à liquidação dos créditos deste sobre aquele, e ainda que nesse acordo se preveja um pagamento apenas parcial daqueles créditos, fica excluída a aplicação do

crédito laboral e a previsão de moratórias para o seu pagamento poderão, no caso das sociedade coligadas, ter o efeito perverso de transferir passivo da empregadora para as outras sociedade coligadas cujas trabalhadores poderão ser prejudicados na medida em que a situação económica e financeira da respetiva empregadora poderá ver-se fragilizada pelo facto de ter que assumir o pagamento de dividas de sociedade com a qual se encontre coligada, tanto mais que, em direito de regresso[195], só poderá exigir da "primitiva devedora" o valor do crédito que no plano se previsse pagar aos trabalhadores conforme dispõe o nº 4 do artigo 217º do CIRE.[196]

disposto no artº 334º do CT, não podendo o trabalhador exigir de outrem o que "perdoou" ao empregador. Chama à colação a questão da renúncia aos créditos laborais argumentando que a renúncia apenas seria de admitir após a cessação do contrato de trabalho. Reconhecendo lógica e acerto nesta posição pensamos que no caso do plano de recuperação (e bem assim no plano de insolvência) existindo norma expressa, da qual decorre que a responsabilidade de terceiros pelo pagamento integral do crédito não é afetada pelo que no plano se preveja, ainda que por força dele exista perdão parcial do crédito, o regime do artº 334º do CT manterá irrestrita e incondicional aplicação, mesmo na hipótese de o trabalhador ter votado favoravelmente o plano. Cfr. Jorge Ribeiro Mendonça, *A responsabilidade solidária das sociedades em relação de grupo e garantia dos créditos laborais,* p. 521-522.

195 Embora o artº 334º não o refira expressamente, a sociedade que liquidar o crédito devido ao trabalhador goza de direito de regresso sobre o empregador faltoso.

196 Como já referimos anteriormente, entendemos que a parte final do nº 4 do artº 217º do CIRE não deverá aplicar-se ao PER – ver nota 140.; Não é apenas ao nível da cobrança do crédito que a integração da empresa devedora num grupo de empresas será relevante. No caso das sociedades coligadas essa coligação terá influência também ao nível da apreciação da licitude dos despedimentos por razões objetivas, sobretudo no despedimento coletivo e no despedimento por extinção de posto de trabalho. A questão é saber se a situação económica e financeira do grupo poderá justificar despedimentos numa das sociedade coligadas, ou até, se o despedimento pode ser considerado ilícito se, apesar das eventuais dificuldades da empresa empregadora, o grupo no qual a mesma se integra, gozar de boa saúde financeira, questão que, não sendo o foco, deste estudo, não analisaremos, embora possa revestir enorme interesse e importância para a defesa dos interesses do trabalhador.

Capítulo 5
O Fundo de Garantia Salarial

Além das garantias já referidas anteriormente os créditos laborais gozam, ainda, da garantia conferida pelo Fundo de Garantia Salarial (FGS). Como refere João Leal Amado[197] «o simples surgimento do Fundo de Garantia Salarial constitui, por si só, um claro atestado da irreversível ultrapassagem de uma visão estr(e)itamente privatística-obrigacional da relação de trabalho».

Dispõe o artigo 336º do CT que «O pagamento de créditos de trabalhador emergentes de contrato de trabalho, ou da sua violação ou cessação, que não posam ser pagos pelo empregador por motivo de insolvência ou situação económica difícil, é assegurado pelo Fundo de Garantia Salarial, nos termos previstos em legislação específica.»

Nos termos do artº 1º do Decreto-lei nº 59/2015, de 21 de abril, o FGS assegura o pagamento ao trabalhador de créditos emergentes do contrato de trabalho ou da sua violação ou cessação desde que – alínea b) – seja proferido despacho do juiz que designa o administrador judicial provisório, em caso de PER. De acordo com o artº 2º do diploma citado são assegurados, apenas, os créditos vencidos nos seis meses anteriores à apresentação do requerimento que dá início ao PER – podendo ser abrangidos créditos posteriores àquele período de referência se, o pagamento dos créditos vencidos nos seis meses anteriores não esgotarem o limite máximo pago pelo FGS – e desde que o trabalhador requeira o pagamento até um ano a partir do dia seguinte àquele em que cessou o contrato de trabalho.

Só está assegurado o pagamento de créditos emergentes do contrato de trabalho, com o limite máximo global equivalente a seis meses de retri-

[197] Amado, João Leal, *A protecção do salário*, p. 159.

buição e com o limite máximo mensal correspondente ao triplo da retribuição mínima mensal garantida – Cf. artº 3º do Decreto-lei nº 59/2015, de 21 de abril. Como refere Catarina Gomes Santos[198]«os créditos pagos pelo FGS estão sujeitos a um duplo limite: temporal e quantitativo. A opção subjacente terá sido a de assegurar o adiantamento daqueles créditos cujo incumprimento se mostre ainda conexionado com a insolvência ou a situação económica difícil do empregador, num valor que se mostre adequado à proteção do trabalhador privado do seu salário.»

O artº 5º do Decreto-lei nº 59/2015, de 21 de abril, esclarece que documentos devem instruir o requerimento do trabalhador. Embora a norma exija apenas a "certificação" dos créditos reclamados pelo AJP a verdade é que, amiúde, os serviços do FGS exigem, no caso da reclamação de indemnizações, seja pela resolução com justa causa, seja pela ilicitude do despedimento, seja por violação de pré-aviso, seja créditos por formação não proporcionada, a comprovação de tais créditos por sentença transitada em julgado. Tal exigência tem obtido o respaldo da jurisprudência, fazendo-se equivaler à sentença proferida em processo movido na jurisdição laboral a sentença de verificação e graduação de créditos.

Citaremos, a título de exemplo o Ac. do Tribunal Central Administrativo Norte de 03/11/2017 (Relator Alexandra Alendouro) onde pode ler-se que «II -O FGS apenas assegura o pagamento de créditos requerido a título de indemnização por ilicitude de despedimento se à data da decisão do pedido existir decisão judicial transitada em julgado que a declare e determine o montante devido.

III – Com efeito, de acordo com o disposto nos artigos 387º, nº 1, 389 e 391º da Lei nº 7/2009, de 12.02, que aprovou o Código de Trabalho, a ilicitude de despedimento tem de ser declarada por decisão judicial, ocorrendo o vencimento dos créditos relativos à respetiva indemnização apenas com o trânsito em julgado da decisão que os reconheça.

IV – Vale como decisão judicial para aqueles efeitos a sentença de verificação e graduação de créditos transitada em julgado, da qual resultem os elementos necessários ao reconhecimento judicial da ilicitude de despedimento.»[199]

[198] Amado, João Leal, et al, *Direito do trabalho,* p. 829.

[199] No mesmo sentido também o Ac. do Tribunal Central Administrativo Norte de 15-09-2017 (Relator Frederico Macedo Branco) onde pode ler-se:

1 – Em caso de incumprimento pelo empregador, o Fundo de Garantia Salarial assegura ao trabalhador o pagamento dos créditos emergentes do contrato de trabalho e da sua violação ou cessação, designadamente nos casos em que o empregador seja judicialmente declarado insolvente – cf. artigo 317º e 318º da Lei nº 35/2004, de 29 de Julho, que regulamentou o Código de Trabalho.
2 – A exigência imposta pelo artigo 436º do CT da ilicitude do despedimento ter de ser declarada por decisão judicial implica, correlativamente, o vencimento dos créditos salariais relativos à indemnização por despedimento ilícito e às retribuições vencidas desde a data do despedimento, apenas com o trânsito em julgado de decisão judicial que os reconheça.
3 – Não existindo sentença do Tribunal de Trabalho que declare a ilicitude do despedimento, nem sentença de verificação e graduação de créditos no processo de insolvência, mostra-se ilegítima a fixação de uma qualquer indemnização, exatamente em decorrência da falta de declaração judicial de despedimento ilícito.
4 – Declaração do Administrador de insolvência reconhecendo a existência de créditos, mais não é do que uma mera declaração descritiva dos créditos reclamados, não tendo a virtualidade de substituir decisão judicial, reconhecendo a existência dos mesmos; o Ac. do Acórdão do Tribunal Central Administrativo Norte de 28-09-2018 (Relatora: Maria Fernanda Antunes Aparício Duarte Brandão) onde se lê que:
I-A obrigação da entidade empregadora indemnizar o trabalhador com fundamento em despedimento ilícito apenas se constitui com a decisão judicial que declare a ilicitude do despedimento, o que tem como contraponto que o direito do trabalhador ao pagamento do crédito salarial daí decorrente apenas se firme na sua esfera jurídica após o trânsito em julgado da respectiva decisão judicial condenatória;
I.1-só com a decisão judicial proferida no âmbito da competente acção e no culminar de um processo em que às partes seja assegurado o direito de apresentarem as razões em que suportam as suas posições, maxime, em que à entidade empregadora seja conferida a possibilidade de discutir os montantes peticionados, o valor da retribuição, a antiguidade do trabalhador, e os demais pressupostos para a declaração do direito invocado por este, é que o crédito reclamado pelo trabalhador se constitui na sua esfera jurídica e se vence o direito a exigir da entidade empregadora o correspondente pagamento, para cujo cálculo entra todo o tempo decorrido desde a data do despedimento até ao trânsito em julgado da decisão judicial; E ainda o Ac. do Tribunal Central Administrativo Sul de 01-06-2017 (Relatora: Helena Canelas) onde pode ler-se que:
I – Nos termos do disposto no artigo 319º do Regulamento do Código do Trabalho, aprovado pela Lei nº 35/2004, de 29 de Julho, a garantia do Fundo de Garantia Salarial apenas abrange os créditos laborais que se tenham vencido nos seis meses que antecedem a data da propositura da ação de insolvência.
II – As obrigações vencem-se na data prevista na lei ou no contrato, momento em que se tornam exigíveis; o que significa que haverá que considerar os concretos créditos laborais cujo pagamento é solicitado ao Fundo de Garantia Salarial e respetiva natureza, para aferir à luz da lei ou do contrato, qual foi a respetiva data de vencimento.
III – Se a indemnização prevista no artigo 396º do Código de Trabalho, aprovado pela Lei nº 7/2009, de 12 de Fevereiro, deve ser determinada entre 15 e 45 dias de retribuição base e diuturnidades por cada ano completo de antiguidade, atendendo-se nesse cômputo não só

Esta jurisprudência, associada àquela outra que considerava abrangida pela previsão do artigo 17º-E (na sua redação anterior) a ação de impugnação de licitude do despedimento[200], redundou, em múltiplas situações na violação do direito do trabalhador a obter do FGS o pagamento de créditos que detinha sobre o empregador. Por outro lado, esta exigência pode causar especiais dificuldades no âmbito do PER atenta a, já referida, inexistência de uma sentença de verificação e graduação de créditos. Sempre terá o trabalhador que propor ou fazer prosseguir, contra o empregador ação destinada a obter a declaração de ilicitude do despedimento ou fixação da indemnização devida pela resolução com justa causa por iniciativa do trabalhador sob pena de, não dispondo de sentença, não lograr obter do FGS o pagamento do respetivo crédito. Considerando que o FGS só assegura o pagamento de créditos quando este lhe seja requerido até um ano a partir do dia seguinte àquele em que cessou o contrato de trabalho, tendo o trabalhador que obter sentença que declare a ilicitude ou lhe fixe indemnização poderá ter dificuldades em cumprir aquele prazo.

Note-se que, desde 2019[201], o nº 9 do artº 2º do DL 59/2015 estabelece que o prazo para requerer o pagamento ao FGS suspende-se com a propositura de ação de insolvência, a apresentação do requerimento no processo especial de revitalização e com a apresentação do requerimento de utilização do procedimento extrajudicial de recuperação de empresas, até 30 dias após o trânsito em julgado da decisão prevista na alínea a) do nº 1 do artº 1º ou da data da decisão nas restantes situações. Ocorre que, a decisão sobre a ilicitude do despedimento ou sobre a fixação da indemnização devida pela resolução com justa causa por iniciativa do trabalhador pode tardar, pondo em risco a possibilidade de o trabalhador receber do FGS os créditos a que tem direito. Nessa hipótese, terá de considerar-se

ao valor da retribuição, mas também ao grau da ilicitude do comportamento do empregador, tal significa que a mesma não é líquida no momento em que é operada a cessação do contrato. IV – Se o crédito respetivo é ilíquido, não havendo mora enquanto não se tornar líquido (cfr. artigo 805º nº 3 do Código Civil), a indemnização devida ao trabalhador quando este opere a cessação do contrato de trabalho com fundamento em justa causa, nos termos do 396º do Código de Trabalho, aprovado pela Lei nº 7/2009, não se vence na data da cessação do contrato, mas apenas quando, fixado o seu exato valor, este seja exigível.

[200] A título de exemplo o ac. do STJ de 31/05/2016 (Relatora Ana Luísa Geraldes).

[201] A lei do orçamento de Estado para 2019 – Lei 71/2018, de 31/12 – previu causas de suspensão do prazo para requerer os pagamentos ao FGS.

que a pendência de tal ação suspende o prazo para o trabalhador apresentar junto do FGS o respetivo requerimento.[202]

Tendo efetuado o pagamento dos créditos ao trabalhador, o FGS fica sub-rogado nos direitos do trabalhador, incluindo nos privilégios creditórios, na medida dos pagamentos efetuados. O nº 2 do artº 4º do NRFGS estabelece que «Sendo os bens da massa insolvente insuficientes para garantir o pagamento da totalidade dos créditos laborais, são graduados os créditos em que o Fundo fica sub-rogado a pari com o remanescente dos créditos laborais.»[203] Nessa conformidade, se o plano previr um perdão parcial dos créditos laborais, igual perdão sofrerá o FGS. Isto é, se por hipótese o crédito do trabalhador sofrer uma redução de 10%, o crédito a receber pelo FGS, por efeito da sub-rogação, reduzir-se-á em 10% o mesmo sucedendo ao remanescente do crédito do trabalhador, que não haja sido assegurado pelo FGS. Evidentemente, se o FGS assegurar ao trabalhador a totalidade do crédito reclamado ou mais do que aquilo que o trabalhador iria receber em consequência da execução do plano, não poderá exigir deste a restituição de qualquer quantia. Conforme resulta do disposto no nº 4 do artº 217º do CIRE, não pode o FGS opor ao trabalhador o perdão previsto no plano.

[202] Nesse sentido se decidiu no Ac. do Tribunal Central administrativo do Sul de 21-02-2019 (Relatora Paula de Ferreirinha Loureiro) onde pode ler-se que: «Uma das causas de suspensão a admitir é a que se refere à existência de processos judiciais, cujo desfecho assume valor de requisito ou condição imprescindível de acesso ao Fundo de Garantia Salarial, seja por este acesso depender da prolação de sentença judicial definidora de uma certa situação fáctico-jurídica, seja por este acesso depender da prática de determinados atos no decurso dos ditos processos judiciais.
XIV- Assim, enquanto estiver em curso o processo judicial no âmbito do qual serão praticados atos, ou reconhecidos direitos, de que depende o acesso ao Fundo de Garantia Salarial, não deve ser contabilizado o prazo de caducidade estabelecido no artº 2º, nº 8 do NRFGS. Por conseguinte, a existência destes processos deve constituir uma causa de suspensão do aludido prazo de caducidade, devendo o início da suspensão coincidir com o início do processo judicial e o fim da mesma suspensão coincidir, no mínimo, com o momento da prolação dos atos ou das sentenças em tais processos, mais especificamente, o respetivo trânsito em julgado.»

[203] Catarina Gomes dos Santos defende, no que acompanhamos, que a sub-rogação a pari acaba por prejudicar os trabalhadores pelo que seria preferível que o pagamento ao FGS apenas acontecesse depois de integralmente pagos os créditos dos trabalhadores. Cfr. João Leal Amado, et al, *Direito do Trabalho*, pp. 843-844.

Capítulo 6
O PER *vs.* o RERE

O RERE – Regime Extrajudicial de Recuperação de Empresas foi criado pela Lei nº 8/2018 de 2 de março. Nos termos do nº 1 do artº 2º da Lei nº 8/2018 «o RERE regula os termos e os efeitos das negociações e do acordo de reestruturação que seja alcançado entre um devedor e um ou mais dos seus credores, na medida em que os participantes manifestem, expressa e unanimemente, a vontade de submeter as negociações ou o acordo de restruturação ao regime previsto na presente lei» acrescentando o nº 2 da mesma norma legal que «entende-se por acordo de reestruturação, para efeitos do número anterior, o acordo com vista à alteração da composição, das condições ou da estrutura do ativo ou do passivo de um devedor, ou de qualquer outra parte da estrutura de capital do devedor, incluindo o capital social, ou uma combinação destes elementos, incluindo a venda de ativos ou de partes de atividade, com o objetivo de permitir que a empresa sobreviva na totalidade ou em parte.»

Na definição de CATARINA SERRA[204] o RERE é «o regime ao qual a empresa e os seus credores sujeitam voluntariamente a negociação de um acordo de reestruturação ou o acordo de reestruturação entre eles previamente alcançado, com o propósito de obter determinadas vantagens» enfatizando o «regime *dual*, que se decompõe em dois regimes especiais: o regime aplicável à negociação do acordo de reestruturação (abreviadamente: regime de negociação) e o regime aplicável ao acordo de reestruturação (abreviadamente: regime do acordo).

[204] SERRA, CATARINA, *Regime Extrajudicial de Recuperação de Empresas – Análise (E) Crítica*, p. 74.

O RERE é um instrumento extrajudicial – já que não corre perante nenhum tribunal- pré-insolvencial – já que a ele só podem recorrer empresas em situação económica difícil ou em insolvência iminente[205]- recuperatório – na medida em que tem em vista a recuperação da empresa evitando-se que a mesma venha a ser declarada insolvente – voluntário – posto que a sujeição às respetivas regras depende de vontade expressa e unânime de todos os que nele participam, que são livres de participar ou não, sendo também livremente estalecido o conteúdo do acordo de reestruturação – e confidencial – esta confidencialidade manifesta-se desde logo na ausência de uma publicidade como aquela prevista para o PER e o processo de insolvência, tendo, porém, limites já que, por exemplo, a Segurança Social e a Autoridade Tributária, quando sejam credores, e os trabalhadores, têm de ser, obrigatoriamente, informados da existência da negociação e respetivo conteúdo[206].

Ao contrário do PER, podem recorrer ao RERE entidades não empresariais.[207]

Como já se avançou, o RERE prevê duas possibilidades: o devedor e o credor/credores podem sujeitar a negociação do acordo de reestruturação ao RERE ou apenas o acordo de reestruturação a que, previamente, tenham chegado. Importa indicar, sumariamente, quais os efeitos da sujeição da negociação e do acordo ou apenas do acordo ao RERE.

Como estabelece o artº 6º do RERE, caso as partes (devedor e credor(es)[208]) pretendam sujeitar a negociação destinada a alcançar um acordo de reestruturação ao RERE devem assinar um protocolo de negociação, o qual, deve ser depositado na Conservatória do Registo Comercial. Este depósito determina a suspensão do processo de insolvência em que algum credor que participe ou tenha aderido ao protocolo requeira

[205] Sobre a definição e limites da situação económica difícil e a situação de insolvência iminente veja-se o ponto 1.1. deste estudo.

[206] Sobre a questão da confidencialidade e seus limites rege o artº 8º do RERE.

[207] Tal não é, contudo, a posição unânime da doutrina. Catarina Serra entende que ao RERE só podem recorrer as empresas. Cfr. Catarina Serra, *Regime extrajudicial de Recuperação de Empresas – Análise (E) Crítica*, p. 83. Já Maria do Rosário Epifânio, numa interpretação mais próxima da letra do artº 3 do RERE entende que tal regime não é exclusivo das entidades empresariais. Cfr. Maria do Rosário Epifânio, *Manual de Direito da Insolvência*, p. 559.

[208] Estes credores têm de representar, pelo menos,15% do passivo, não subordinado, do devedor.

a declaração de insolvência do devedor, exceto se esta já tiver sido declarada. Também por força do depósito do protocolo, e porque deste faz parte necessariamente tal obrigação, os credores que o subscreveram ficam impedidos de, durante o prazo acordado para as negociações, instaurar contra o devedor processos de natureza executiva e que visem privar o devedor da livre disposição dos seus bens ou direitos. Além deste "conteúdo mínimo" o protocolo de negociação pode prever a suspensão de ações executivas para pagamento de quantia certa anteriormente interpostas por algum dos credores que tenham subscrito ou aderido ao protocolo de negociação. Nessa hipótese, sendo alcançado o acordo, tais ações executivas extinguir-se-ão exceto se o acordo estipular que se mantêm suspensas. Paralelamente, se o protoloco tiver previsto a suspensão de ações, declarativas (pensamos nós) destinadas a exigir o cumprimento de obrigações pecuniárias, celebrado o acordo tais ações continuarão suspensas, por prejudicialidade, exceto se nelas for celebrada transação. Note-se que este efeito extintivo (das execuções)[209] e suspensivo (das ações declarativas) aplica-se também às execuções instauradas, por credor que subscreva o acordo contra os garantes do devedor relativamente às operações garantidas e aqui reside uma significativa diferença relativamente ao PER de que, como vimos, não se pode aproveitar o terceiro que responda pelas dividas do devedor. [210]

O acordo e reestruturação a que as partes cheguem na negociação ou a que tenham previamente chegado (sem que tenham submetido ao RERE qualquer negociação) tem de ser assinado por todos quantos nele intervenham e está sujeito a depósito eletrónico na Conservatória do Registo Comercial, sendo que, é a partir deste depósito que se produzem os respetivos efeitos.

Estipula o nº 1 do artº 25º do RERE que, sem prejuízo do acordo de reestruturação poder dispor diversamente, o depósito do acordo deter-

[209] Como defende Catarina Serra, tendo em conta o disposto no artº 25º do RERE o efeito extintivo apenas deverá acontecer com o depósito do acordo pelo que, para que a norma possa fazer sentido, deveriam as partes optar pela manutenção da suspensão das ações até ao depósito do acordo, depósito que geraria, esse sim, a extinção das ações executivas. Cfr. Catarina Serra, *Regime extrajudicial de Recuperação de Empresas – Análise (E) Crítica*, p. 97.

[210] Dispõe o nº 7 do artº 19º do RERE que «salvo se o acordo de reestruturação dispuser diversamente, a redução da obrigação do devedor determina a redução da obrigação dos condevedores ou dos terceiros garantes em termos equivalentes aos que resultem para o devedor do acordo de reestruturação». Ora, tal não sucede no plano de recuperação aprovado no PER ao qual se aplica o disposto no nº 4 do artº 217º do CIRE.

mina a imediata extinção dos processos judiciais declarativos, executivos ou de natureza cautelar que respeitem a créditos incluídos no acordo de reestruturação estando, porém, nos termos do nº 3 da mesma norma legal, excluídos desse efeito extintivo os processos judiciais de natureza laboral, declarativos, executivos ou cautelares. Considerando o disposto no nº 8 do artº 19º do RERE, o nº 3 do artº 25º do RERE parece totalmente dispensável. Com efeito, estipula o nº 8 do artº 19º do RERE que «Os termos do acordo de reestruturação não podem prejudicar o cumprimento das obrigações do devedor enquanto empregador perante os trabalhadores.» Sendo a obrigação do empregador pagar ao trabalhador os respetivos créditos a sua principal obrigação enquanto empregador, parece resultar da norma a "proibição" de prever no acordo de reestruturação qualquer efeito relativamente aos créditos laborais, seja a sua redução ou qualquer moratória. Não há, na doutrina, unanimidade quanto à interpretação da norma agora em análise.

Catarina Serra[211] defende uma interpretação restritiva da norma. A autora distingue a obrigação do empregador pagar pontualmente a retribuição, compensações e indemnizações devidas ao trabalhador, como obrigação principal, das demais obrigações, que para o empregador resultam do contrato de trabalho, como sejam as relacionadas com as condições de prestação do trabalho defendendo que o nº 8 do artº 19º do RERE se refere a este segundo grupo de obrigações. Sustenta que não seria irrazoável ler na norma uma proibição de efetuar despedimentos, nem mesmo «pensar que o legislador teve a intenção de impedir as modificações» dos créditos laborais impedindo assim que «o acordo de reestruturação contivesse quaisquer medidas susceptíveis de eliminar, restringir ou condicionar o regular cumprimento dos créditos laborais já constituídos». Avança a autora que, nessa hipótese de interpretação faria sentido que os processos laborais não se extinguissem como estabelece o nº 3 do artº 25º do RERE. Apesar disso defende a autora que tal leitura da norma contida no nº 8 do artº 19º do RERE configuraria uma «tutela manifestamente excessiva ou desproporcionada dos interesses laborais» e que «negar às empresas a possibilidade de negociar os termos do pagamento destas dividas e de as incluir através do acordo de reestruturação equivaleria a tornar quase impossí-

[211] Serra, Catarina, *O Regime Extrajudicial de Recuperação de Empresas – Análise (E) Crítica*, pp171-177.

vel a realização do objectivo do RERE». Entende a autora que, excluir os créditos laborais do âmbito dos acordos de reestruturação violaria o Princípio da *par conditio creditorum* e que a Proposta de Diretiva[212] não sugeria que os créditos laborais fossem excluídos das medidas a implementar nos mecanismos de recuperação de empresas. Concluiu a autora que o nº 8 do artº 19º do RERE não impede que o acordo preveja modificações dos créditos laborais, mas apenas o despedimento dos trabalhadores e as demais obrigações que impendem sobre a devedora enquanto empregadora. E, por conseguinte, defende que os processos laborais respeitantes a créditos incluídos no acordo não devem poder prosseguir após o depósito do acordo, devendo antes extinguir-se em consequência daquele depósito exceto no caso de necessitarem de definição jurisdicional[213].

Referindo-se ao nº 8 do artº 19º do RERE, Maria do Rosário Epifânio[214] defende que o «acordo de reestruturação não pode afetar os créditos dos trabalhadores (remuneratórios, compensatórios ou indemnizatórios), designadamente, através de uma moratória, de um pagamento fracionado, de um perdão total ou parcial.»

Em idêntico sentido Ana Ribeiro da Costa[215] defende que «quando se mencionam as *obrigações* do devedor, *enquanto empregador*, cremos que o legislador se quis referir não apenas à obrigação principal emergente do contrato de trabalho, de pagamento da retribuição, em contrapartida da prestação da atividade pelo trabalhador, mas também a todas as demais obrigações decorrentes daquele contrato.»

Finalmente, Júlio Gomes[216], rebatendo os argumentos avançados por Catarina Serra, defende que, sendo a principal obrigação do empregador a obrigação de pagar pontualmente a retribuição aos trabalhadores terá de se concluir que a norma impede qualquer modificação aos créditos

[212] À data em que a autora publicou o texto citado ainda não havia sido aprovada e publicada a Diretiva (UE) 2019/1023.

[213] Note-se que, essa necessidade de definição jurisdicional será, em princípio, muito menor no RERE do que no PER já que nos termos do nº 4 do artº 30º do RERE o acordo de reestruturação constitui título executivo relativamente às obrigações pecuniárias nele assumidas pelo devedor, ao passo que no PER, e como vimos anteriormente, a maioria da doutrina e jurisprudência não reconhecem ao plano de recuperação a qualidade de título executivo.

[214] Epifânio, Maria do Rosário, *Manual de Direito da Insolvência*, p. 583.

[215] Costa, Ana Ribeiro, *"Meter a foice em seara alheia"*, p. 189-190.

[216] Gomes, Júlio, *O RERE e os créditos laborais*, p. 52.

laborais. Refere o autor que, durante a vigência do contrato de trabalho os trabalhadores não podem remir ou perdoar créditos laborais, nem o poderiam fazer os representantes dos trabalhadores, Por outro lado, considera duvidosa a aplicação do princípio da igualdade de credores num procedimento pré-insolvencial, argumentando ainda que mesmo este princípio não impede o tratamento diferenciado dos credores em função das garantias de que alguns possam beneficiar, como é o caso dos créditos laborais, enfatizando a especial tutela que os créditos laborais merecem á luz da Constituição da República Portuguesa.

Da nossa parte entendemos que, sendo a obrigação de pagamento pontual da retribuição dos trabalhadores, e bem assim dos demais créditos de que estes possam ser titulares, a principal obrigação do empregador não se poderá senão concluir que o acordo de reestruturação não poderá prever qualquer modificação dos créditos laborais, seja no seu valor, seja nos prazos de pagamento seja nas garantias de que os mesmos beneficiam. Parece-nos decisivo o argumento avançado por Júlio Gomes quanto à indisponibilidade do crédito laboral, na vigência do contrato de trabalho e que, em certa medida, se deve manter mesmo depois deste cessar, como já escrevemos, apoiados no pensamento de João Leal Amado[217].

Pensamos ainda que o disposto no nº 3 do artº 25º do RERE reforça o entendimento segundo o qual o nº 8 do artº 19º do RERE excluiu qualquer modificação dos créditos laborais já que não faria qualquer sentido admitir tal modificação e, simultaneamente, negar a extinção dos processos judiciais em que os créditos modificados estivessem a ser apreciados.

Finalmente, o facto de o RERE ser um processo extrajudicial não será elemento de menor relevância para esta opção. Com efeito, na ausência de um controlo judicial sobre o cumprimento das regras procedimentais e de substância e sobre a razoabilidade do que no acordo se preveja quanto aos créditos afigura-se-nos que, tendo presente a relevância social do crédito

[217] Refere o autor que *«o crédito laboral deve considerar-se irrenunciável, no mínimo, em medida igual àquela em que é insuscetível de cessão – e isto, note-se bem, mesmo após a cessação do contrato de trabalho, pois as limitações àquela cessão sobrevivem à extinção do vínculo.»* O autor considera redutor entendimento segundo o qual a irrenunciabilidade só existiria durante a pendência do contrato de trabalho por considerar que o fundamento dessa irrenunciabilidade não é a "eventual" fragilidade do trabalhador perante o empregador que o impediria de, na pendência do contrato, reagir, mas antes está ancorada na própria natureza do direito ao salário salientando que, evidentemente, a função alimentar do salário não se altera por efeito da cessação do contrato de trabalho. Cfr. Amado, João Leal, *Contrato de Trabalho*, p. 315.

laboral e a conhecida e inegável assimetria entre a posição do empregador e do trabalhador[218], não admitiam outra solução que não a total exclusão da modificação dos créditos laborais.

Apesar de os créditos dos trabalhadores não poderem ser modificados ou afetados pelo acordo de reestruturação o devedor é obrigado a informar os trabalhadores que sejam titulares de direitos de créditos do depósito do protocolo de negociação e do seu conteúdo – nº 6 do artº 8º do RERE – sob pena do protocolo, bem como todos os atos a ele inerentes, serem considerados nulos. Incompreensivelmente e quando apenas o acordo de reestruturação, previamente alcançado, é submetido ao regime do RERE não se prevê que a sua existência, conteúdo e depósito seja comunicado aos trabalhadores. Na verdade, a posição e direitos dos trabalhadores não são afetados apenas quando, diretamente, se prevê alguma modificação aos créditos laborais, a posição dos trabalhadores, os direitos dos trabalhadores e a "capacidade" do empregador para cumprir as suas obrigações para com os trabalhadores pode ser severamente afetada pelos termos do acordo a que o empregador chegue com algum credor pelo que, havendo créditos laborais vencidos deveria a lei prever a obrigação de o devedor comunicar aos respetivos trabalhadores os termos do acordo a que tenha chegado com algum ou alguns credores, para que aqueles possam, se for caso disso, reagir contra o que naquele acordo se preveja (se do mesmo resultar, por exemplo uma diminuição da garantia patrimonial dos respetivos créditos).

Finalmente importa chamar à atenção para o disposto no artº 28º do RERE. Estabelece o nº 1 que «Caso o devedor venha a ser ulteriormente declarado insolvente, são insuscetíveis de resolução em beneficio da massa insolvente os negócios jurídicos que hajam compreendido a efetiva disponibilização ao devedor de novos créditos pecuniários, incluindo sob a forma de deferimento de pagamento, e a constituição, por este, de garantias respeitantes a tais créditos pecuniários, desde que os negócios jurídicos hajam sido expressamente previstos no acordo de reestruturação, ou no protocolo de negociação que o preceder, e que o acordo de reestruturação contenha a declaração prevista no nº 3 do artigo anterior.» Acres-

[218] É a maior fragilidade do trabalhador que está na génese e justifica até hoje a própria existência do Direito do Trabalho. Como refere João Leal Amado que «a relação de trabalho é uma relação profundamente *assimétrica*, isto é, manifestamente inigualitária». Cfr. Amado, João Leal, *Contrato de Trabalho*, p. 11.

centa o n, º 2 que «Cessa a insusceptibilidade de resolução em benefício da massa insolvente prevista no número anterior, se o novo financiamento tiver sido utilizado pelo devedor em benefício da respetiva entidade financiadora ou de entidade que com esta esteja relacionada, nos termos referidos no artigo 49º do CIRE.»

Não podemos deixar de nota que o legislador foi, no RERE, muito mais cauteloso e exigente quanto aos requisitos que devem verificar-se para que determinado negócio possa ficar a salvo da possibilidade de resolução em beneficio da massa insolvente na hipótese de uma futura insolvência do devedor: primeiro, porque exige que o negócio conste expressamente do acordo de reestruturação ou protocolo de negociação, o que significa que há total transparência e controlo dos termos do negócio pelos credores participantes – o que não sucede no PER, por exemplo, no caso do financiamento intercalar; em segundo lugar, porque o negócio tem que ser aprovado por credores que representam, pelo menos, 30% do passivo não subordinado do devedor; por último, porque "retira" esta proteção quanto a novos financiamentos que apenas beneficiaram o próprio financiador ou entidade que deva ser considerada, nos termos do disposto no artº 49º do CIRE, especialmente relacionada com o financiador.[219]

Em todo o caso, quer no PER quer no RERE, parece-nos inaceitável a extensão da proteção conferida aos novos financiamentos potenciando o uso fraudulento desta "benesse". Acompanhamos as reservas expressas por Catarina Serra. Refere a autora[220] que seria compreensível que se afastasse o regime da resolução incondicional e não produzissem efeito as presunções de má-fé e as presunções de prejudicialidade, mas, se provados os requisitos – de prejudicialidade e má-fé – a resolução deveria operar. O risco é o de serem celebrados negócios usurários ou abusivos e quiçá, de o recurso aos mecanismos pré-insolvências de recuperação ter em vista, apenas, operar a deslocação de ativos da empresa, em prejuízo dos seus credores, sem que estes tenham qualquer modo de reagir contra tais atos.

[219] Maria do Rosário Epifânio, salienta a pouca clareza do preceito questionando se o legislador se refere a entidade relacionada com o devedor ou com a entidade financiadora. Cfr. Maria do Rosário Epifânio, *Manual de Direito da Insolvência*, p. 582.

[220] Serra, Catarina, *Regime Extrajudicial de Recuperação de Empresas – Análise (E) Crítica*, p. 145.

CONCLUSÕES

Tendo o trabalho importância capital na vida do individuo, não só porque dele depende para prover ao seu sustento e ao sustento da sua família, mas também porque é, frequentemente, através do trabalho que o indivíduo se integra numa comunidade, tornando o trabalho como parte da sua identidade – não é "à toa" que uma das questões que se coloca a quem se acabou de conhecer é, precisamente, o que faz, qual é o seu trabalho – compreende-se que, em situação de crise da empresa, contexto privilegiado do trabalho, se procure evitar a perda de postos de trabalho, o que justifica o esforço colocado na obtenção da restruturação da empresa devedora.

Pensamos, porém, que tal recuperação não pode, obviamente, defender-se a todo o custo, seguramente não a expensas dos direitos e créditos dos trabalhadores cujos postos de trabalho se apresentam como justificação para o "investimento" nas medidas e processos de restruturação preventiva. Não se pode perder de vista que, se para o empregador, o crédito laboral é, apenas, mais um custo de produção, para o trabalhador é um crédito de sobrevivência.

Estamos em crer que, no novo regime do PER se excederam os limites das restrições que, razoavelmente, se poderiam impor aos credores com o fito de recuperar a empresa devedora. Com efeito, grande parte das normas do PER deixam totalmente desprotegidos os credores da empresa, designadamente os seus trabalhadores, "espoliados" até das garantias, constitucionalmente determinadas.

Nessa medida, e porque a aplicação de diversas normas que regem o PER determinará a frustração dos créditos laborais pensamos que violarão as legitimas expectativas dos trabalhadores e as garantias constitucionais de que os créditos laborais (e não só) beneficiam, sendo, por isso, inconstitucionais.

Esperamos que, tal como expressou Catarina Serra[221], que a prática encontre caminhos e formas de ultrapassar as dúvidas e problemas que se suscitam, embora, céticos, entendamos que o caminho terá de passar, forçosamente, pela declaração de inconstitucionalidade de algumas das normas introduzidas pela lei nº 9/2022, de 11 de janeiro.

Com efeito, se bem que, em face das alterações introduzidas pela lei nº 9/2022, de11 de janeiro, se excluiu as ações executivas para cobrança dos créditos laborais, das medidas de suspensão que ocorrem no PER, era essencial que se fosse mais além na proteção do crédito laboral, proteção que impunha a previsão de medidas de salvaguarda da integridade do património do empregador já que é à custa deste que o trabalhador espera obter o pagamento do seu crédito caso este não seja pago pelo empregador, mormente se falhar a recuperação empresarial almejada. Na verdade, "quando a manta é curta e queremos cobrir os braços, pomos os pés a descoberto" e no seu afã de promover o financiamento das empresas em recuperação, conferindo proteção adicional aos financiadores deixou-se o trabalhador desprotegido se a recuperação da empresa vier a soçobrar e a insolvência vier a ser declarada. Paralelamente, e atenta a extensão da proteção concedida a esses financiadores aumentou-se o risco de o recurso aos mecanismos de recuperação da empresa ser apenas estratégico. Concluímos por isso que as normas introduzidas pela lei nº 9/2022, de 11 de janeiro, com vista à proteção dos novos financiadores, ao porem em causa o ressarcimento dos créditos laborais, são inconstitucionais.

Se os trabalhadores sairiam, aparentemente, mais protegidos no atual regime do PER, ao serem excluídos das medidas de suspensão aplicáveis a outros credores, saem inegavelmente mais prejudicados caso a recuperação falhe e a empregadora vier a ser declarada insolvente.

[221] Serra, Catarina, *Formação de categorias e aprovação do plano de recuperação no quadro do Processo Especial de Revitalização – Primeiras observações críticas à Lei nº 9/2022*, de 11 de janeiro, *in* As Alterações ao Processo Especial de Revitalização: um novo processo? "O Plano de recuperação e Resiliência para a Justiça Económica e a transposição da Diretiva 2019/1023, do Parlamento Europeu e do Conselho", E-book, Ministério da Justiça, 2022, p. 30.

BIBLIOGRAFIA

AMADO, João Leal

— A Proteção do salário, Separata do Volume XXXXIX do Suplemento ao Boletim da Faculdade de Direito da Universidade de Coimbra, Coimbra, 1993;

— O incumprimento da obrigação retributiva e o artº 364º nº 2, do Código do Trabalho, in VIII Congresso Nacional de Direito do Trabalho, Coordenação do Prof. António Moreira, Almedina, 2006;

— Contrato de Trabalho - Noções Básicas, 3ª edição, Almedina, Coimbra,2019;

AMADO, João Leal/ ROUXINOL, Milena Silva/ VICENTE, Joana Nunes, / Santos, Catarina Gomes/ MOREIRA, Teresa Coelho

— Direito do Trabalho - Relação individual, Almedina, Coimbra, 2019;

ANTUNES, José Engrácia

— Os grupos de sociedades no direito do trabalho, Questões Laborais, Ano XIX - nº 39 - Almedina, 2012;

BRANCO, Inês Castelo,

— Fundo de Garantia Salarial - O prazo para requerer o pagamento dos créditos laborais, Questões Laborais, Ano XXVIII - nº 59 - 2021;

BOULAROT, Ana Paula,

— Apontamentos sobre os efeitos do Processo Especial de Revitalização, Julgar, nº 31, Almedina, 2017;

CARVALHO, Catarina de Oliveira,

— Contrato de trabalho e pluralidade de empregadores, Questões Laborais, Ano XII - nº 26 - 2005;

— O equívoco jurisprudencial quanto à (in)admissibilidade do contrato de trabalho com pluralidade de empregadores antes da vigência do Código do Trabalho - Comentário ao Acórdão do STJ de 18-05-2006, Questões Laborais, Ano XIV - nº 30 - 2007;

CASANOVA, Nuno Salazar/ DINIS, David Sequeira,

— PER - O Processo Especial de Revitalização, Coimbra Editora, 2014;

CORDEIRO, António Menezes,

— Manuel de Direito do Trabalho, Almedina, Coimbra,1997;

COSTA, Ana Ribeiro da Costa,

— "Meter a Foice em Seara Alheia": novas medidas no plano laboral no processo de insolvência (e outros afins), em Seminário de Direito da Insolvência, coord. Catarina Serra, Almedina, 2019:

COSTA, Mário Júlio de Almeida,

— Direito das Obrigações, 12º Edição Revista e Actualizada, Almedina, 2018;

COSTEIRA, Joana,

— Os Efeitos da Declaração de Insolvência no Contrato de Trabalho: A Tutela dos Créditos Laborais, Almedina, 2013;

DINIS, David Sequeira,
— Financiamento no quadro do Processo Especial de Revitalização, *in* Julgar, nº 48, Almedina, 2022;
DOMINGUES, Paulo Tarso,
— O processo especial de revitalização aplicado às sociedades comerciais, *in* I Colóquio de Direito da Insolvência de Santo Tirso, Coord. Catarina Serra, Almedina, 2014;
EPIFÂNIO, Maria do Rosário,
— O Processo Especial de Revitalização, Almedina, 2015
— As Alterações ao Processo Especial de Revitalização e o Novo Processo Especial para acordo de Pagamento, *in* Atas das IV Jornadas de Reestruturação e Insolvências da Uría Menèndez – Proença de Carvalho, Universidade Católica Portuguesa, 2019;
— Manual de Direito da Insolvência, Almedina, 2022;
FERNANDES, António Monteiro,
— Direito do trabalho, 17ª edição, Almedina, 2014;
FERNANDES, Luís A. Carvalho,
— Teoria Geral do Direito Civil, vol. II, 2ª edição, LEX, 1996;
FERNANDES, Luís Alberto de Carvalho/ LABAREDA, João,
— Colectânea de Estudos Sobre a Insolvência, Quid Iuris, 2009
— Código da Insolvência e da Recuperação de Empresas anotado, 3ª edição, Quid Iuris, 2015;
FONSECA, Gisela,
— "A Natureza do Plano de Insolvência" / "Direito da Insolvência - Estudos", Coordenação de Rui Pinto, Coimbra Editora, 2011;
GOMES, Júlio,
— O RERE e os créditos laborais, *in* Revista de Direito da Insolvência, nº 3, Almedina, 2019;
JORGE, Nuno Lemos
— Os efeitos do PER e da Insolvência sobre as ações laborais, Prontuário de Direito do Trabalho, 2º semestre de 2022 – II, Almedina, 2023;
LEITÃO, Luís Menezes,
— A recuperação económica dos devedores, Almedina, 2019;
— Código da Insolvência e da Recuperação de Empresas anotado, 12º edição, Almedina, 2022;
LEITE, Jorge,
— Direito do trabalho – Notas Sumárias das lições ao 3º ano jurídico da Faculdade de Direito da Universidade de Coimbra, Coimbra, 1976, RED, Ad Perpetuam Rei Memoriam, ANO 2016, ISBN 9789897461088
LEITE, Jorge/ COUTINHO DE ALMEIDA, F. Jorge,
— Legislação do Trabalho, 16-ª edição, Coimbra Editora, 2001;
LOBO, Gonçalo Gama,
— As compensações laborais em face do regime insolvencial: a insolvência das massas insolventes? *in* Revista de Direito da Insolvência, nº 3, Almedina, 2019;
MAGALHÃES, Ana Rita,
— Créditos Laborais no Processo de Insolvência, Almedina, 2022;
MARTINS, Alexandre Soveral,
— Um curso de Direito da Insolvência, Almedina, 2015;
MARTINEZ, Pedro Romano,
— Código do Trabalho anotado, 10ª edição, Almedina, 2016;
— Direito do Trabalho, 8ª edição, Almedina, 2017;
MONTEIRO, Leonor Pizarro,
— O Trabalhador e a Insolvência da Entidade Empregadora, Almedina, 2017;
NETO, Abílio,
— Novo Código do Trabalho e Legislação Complementar Anotados, 2ª edição, Ediforum, Lisboa, 2010;

— Novo Código do Processo Civil Anotado, 4ª edição revista e ampliada, Ediforum, Lisboa, 2017
— Código Civil Anotado, 20ª Edição Actualizada, Ediforum, Lisboa, 2018;
PEREIRA, Rita Garcia,
— A Garantia dos Créditos Laborais no Código do Trabalho: breve nótula sobre o art. 378º (Responsabilidade solidária das sociedades em relação de domínio ou de grupo), Questões Laborais, Ano XI - nº 24 - Almedina, 2004;
PIDWELL, Pedro,
— Notas práticas sobre as negociações no âmbito do Processo Especial de Revitalização (PER) e do Plano de Insolvência (na vertente da recuperação), Revista de Direito da Insolvência, nº 4, Almedina, 2020;
PRATA, Ana, / CARVALHO, Jorge Morais de/ SIMÕES, Rui,
— Código da Insolvência e da Recuperação de Empresas, Almedina, 2013;
QUINTAS, Paula/ QUINTAS, Hélder, Código do Trabalho, Anotado e Comentado, 5ª edição, Almedina, 2007;
RAMALHO, Maria do Rosário Palma,
— Aspectos laborais da insolvência. Notas breves sobre as implicações laborais do regime do Código da Insolvência e da Recuperação das Empresas, Questões Laborais, Ano XII - nº 26 - Almedina, 2005;
— Tratado de Direito do Trabalho, Parte II - Situações laborais individuais, 6ª edição, Almedina, 2016;
SERRA, Catarina,
— O Regime Português da Insolvência, 5ª Edição, Almedina, 2012;
— Para um novo entendimento dos créditos laborais na insolvência e na pré-insolvência da empresa - um contributo feito de velhas e novas questões, in Questões Laborais, nº 42, Coimbra Editora, 2013;
— O Processo Especial de Revitalização na jurisprudência, Almedina, 2016;
— PER, Processos e Créditos Laborais - Uma análise Tridimensional (jurisprudência, novíssimo Direito da Insolvência e projectado Direito Europeu), Prontuário de Direito do Trabalho, II, 2017;
— O Processo Especial de revitalização e os Trabalhadores - Um grupo especial de sujeitos ou apenas mais uns credores? Julgar, nº 31, Almedina, 2017
— Regime Extrajudicial de Recuperação de Empresas - Análise (e) Crítica, Almedina, 2018;
— Lições de Direito da Insolvência, 2ª edição, Almedina, 2021;
SILVA, Fátima Reis,
- Grupos de empresas: os créditos dos trabalhadores em situação de insolvência, *in* Atas das VI Jornadas de Reestruturação e Insolvências da Úria Menéndez - Proença de Carvalho, Coordenação David Sequeira Dinis e Nuno Salazar Casanova, UCP, 2022
SOARES, Rita Mota,
— Renovado Processo Especial de revitalização, *in* Seminário de Direito da Insolvência, Almedina, 2019;
TRINDADE, Diana,
— O Processo Especial de revitalização - análise Crítica da Reforma e o desígnio de Recuperação, em estudos de Direito da Insolvência, Volume II, Almedina, 2019, p 67-111
VASCONCELOS, Joana,
— Insolvência do Empregador, Destino da Empresa e Destino dos Contratos de Trabalho, *in* VIII Congresso Nacional de Direito do Trabalho, Coordenação do Prof. António Moreira, Almedina, 2006;
— Insolvência do Empregador e Contrato de Trabalho, *in* Congresso Europeu de Direito do Trabalho, Coordenação Prof. João José Abrantes, Almedina, 2014;

VASCONCELOS, L. Miguel Pestana.
— Recuperação de empresas: o processo especial de revitalização, Almedina, 2017;
— O novo regime de financiamento do devedor no âmbito do Processo Especial de Revitalização (PER) decorrente da Lei nº 9/2022, de 11 de Janeiro, *in* Julgar, nº 48, Almedina, 2022;

VEIGA, António Jorge da Motta,
— Lições de Direito do Trabalho, 4ª edição, Lisboa, Universidade Lusíada, 1992

XAVIER, Bernardo da Gama Lobo,
— Curso de Direito do Trabalho, 2ª edição, Verbo, 1996
— O Despedimento Colectivo No Dimensionamento da Empresa, Verbo, 2000;

PUBLICAÇÕES ELETRÓNICAS

Casanova, Nuno Salazar,
— OS EFEITOS PROCESSUAIS DO PER E DO PEAP NAS ACÇÕES DECLARATIVAS DE CONDENAÇÃO, disponível em https://www.uria.com/documentos/publicaciones/5890/documento/art005.pdf?id=8342
Consultado em 27/09/2022

Castelo, Higina,
— Contratos executórios e cláusulas ipso facto no âmbito do PER, Revista de Direito Comercial, p. 831,
Disponível em https://www.revistadedireitocomercial.com/contratos-executorios-e-clausulas-ipso-facto-no-ambito-do-per
[Consultado em 12/09/2022]

Conceição, Ana Filipa,
— A noção de insolvência iminente, Breve análise da sua aplicação à insolvência de consumidores em Espanha e Portugal, Revista de Ciências Empresariais e Jurídicas / Review of Business and Legal Sciences, nº 23, 2013,
Disponível em https://parc.ipp.pt/index.php/rebules/article/view/991
[Consultado em 13/09/2022]

Costa, Ana Ribeiro,
— Os créditos Laborais no processo especial de revitalização: breves notas e inquietações! VI Congresso Internacional de Ciências Jurídico-Empresariais,
Disponível em https://iconline.ipleiria.pt/bitstream/10400.8/1457/1/art.4.pdf
[Consultado em 1/8/2022]

Mendonça, Jorge Ribeiro,
— A responsabilidade solidária das sociedades em relação de grupo e garantia dos créditos laborais, Revista de Direito das Sociedades, VI, 2014,
Disponível em http://www.revistadedireitodassociedades.pt
[Consultado em 04/10/2022]

Oliveira, Ana Perestrelo de,
— O novo regime da insolvência e as cláusulas de cessação do contrato com fundamento em insolvência (cláusulas ipso facto), Revista de Direito Comercial, p. 1249,
Disponível em https://www.revistadedireitocomercial.com/o-novo-regime-da-insolvencia-e-as-clausulas-de-cessacao-do-contrato-com-fundamento-em-insolvencia
[Consultado em 12/09/2022]

Oliveira, Artur Dionísio,
— Os efeitos externos da insolvência - as acções pendentes contra o insolvente, Julgar nº 9, 2009,
Disponível em http://julgar.pt/wp-content/uploads/2015/11/173-187-Efeitos-externos-da-insolv%C3%AAncia.pdf
[Consultado em 30/09/2022]

OLIVENÇA, Jaime Manuel Nunes,
— Direitos dos credores – Direito do trabalhador a pedir a insolvência – Questão laboral conexa com o foro das insolvências – Articulação com os sucessivos regimes do Fundo de Garantia Salarial, Revista do Ministério Público, 154 – junho 2018, Disponível em: https://rmp.smmp.pt/wp-content/uploads/2018/07/6.RMP_154_Jaime_Olivenca.pdf
[Consultado em 9/10/2022]

PEREIRA, Fernando Silva,
— Recuperação extrajudicial de empresas, in FALÊNCIA, INSOLVÊNCIA E RECUPERAÇÃO DE EMPRESAS, Coordenação: MIGUEL PESTANA DE VASCONCELOS, I. º congresso de Direito Comercial das Faculdades de Direito da Universidade do Porto, de S. Paulo e de Macau, p. 66,
Disponível em https://repositorio-aberto.up.pt/bitstream/10216/111880/2/264845.pdf
[Consultado em 3/9/2022]

SERRA, Catarina,
— Processo Especial de revitalização – contributos para uma "rectificação" -, Revista da Ordem dos Advogados, Ano 72 – Vol. II/III – Abr|Set – 2012, página 716 e sgts, Disponível em https://portal.oa.pt/upl/%7B2b7c6e07-f9ca-46f5-9116-4bf663445c0f%7D.pdf
[Consultado em 1/8/2022]
— Enquadrar a Recuperação das PME (*rectius*: MPE) à luz da Lei nº 9/2022, de 11 de Janeiro, Revista de Direito Comercial, p. 449,
Disponível em https://www.revistadedireitocomercial.com/enquadrar-a-recuperacao-das-pme
[Consultado em 19/09/2022]
— A função (alternativa) do RERE como programa extraordinário para o apoio e a reanimação de empresas, Revista de Direito Comercial, p. 957,
Disponível em https://www.revistadedireitocomercial.com/a-funcao-alternativa-do-rere
[Consultado em 30/09/2022]

TRIUNFANTE, Armando Manuel/ TRIUNFANTE, Luís de Lemos,
– "Desconsideração da Personalidade jurídica – Sinopse Doutrinária e Jurisprudencial", Julgar nº 9, 2009
Disponível em http://julgar.pt/desconsideracao-da-personalidade-juridica-sinopse-doutrinaria-e-jurisprudencial/
[Consultado em 6/10/2022]

VÁRIOS
— O Plano de recuperação e Resiliência para a Justiça Económica e a transposição da Diretiva 2019/1023, do Parlamento Europeu e do Conselho", E-book, Ministério da Justiça, 2022, disponível em: https://justica.gov.pt/Portals/0/Ficheiros/Organismos/JUSTICA/E-bookCONF-PRR-VF2.pdf
[Consultado em 1/8/2022]

JURISPRUDÊNCIA

Supremo Tribunal de Justiça

Ac. de 26/11/2008 – Relator: Pinto Hespanhol – disponível em http://www.dgsi.pt/jstj.nsf/954f0ce6ad9dd8b980256b5f003fa814/aed1bc07e8174a038025750e00396f7f?OpenDocument

Ac. de 09/11/2011 – Relator – Sampaio Gomes – disponível em http://www.dgsi.pt/jstj.nsf/954f0ce6ad9dd8b980256b5f003fa814/7eb583deabcf8ad880257948004ba7db?OpenDocument

Ac. de 05/01/2016 – Relator: Nuno Cameira – disponível em http://www.dgsi.pt/jstj.nsf/954f0ce6ad9dd8b980256b5f003fa814/e728255e4c7d438680257f310053d079?OpenDocument

Ac. de 31/05/2016 – Relatora: Ana Luísa Geraldes – disponível em http://www.dgsi.pt/jstj.nsf/954f0ce6ad9dd8b980256b5f003fa814/fd3b2e3de6c2e4a280257fc40052f032?OpenDocument

Ac. de 30/05/2017 – Relator: José Raínho – disponível em http://www.dgsi.pt/jstj.nsf/954f0ce6ad9dd8b980256b5f003fa814/b3658dba48287b7a80258130004eb2fa?OpenDocument

Ac. de 07/11/2017 – Relator: Alexandre Reis – disponível em http://www.dgsi.pt/jstj.nsf/954f0ce6ad9dd8b980256b5f003fa814/a28508b33795ae3a802581d8003c8077?OpenDocument

Ac. de 09/04/2019 – Relator Pinto de Almeida – disponível em http://www.dgsi.pt/jstj.nsf/954f0ce6ad9dd8b980256b5f003fa814/81af12ca96e4c87f802583d700517092?OpenDocument

Ac. de 28/04/2021 – Relator: José Rainho – disponível em http://www.dgsi.pt/jstj.nsf/954f0ce6ad9dd8b980256b5f003fa814/9be5bb2bed660cc4802586c60036ffb3?OpenDocument

AUJ nº 1/2014 (DR. 1ª Série, nº 36, 25/02/2014) – disponível em https://data.dre.pt/eli/acstj/1/2014/02/25/p/dre/pt/html

Tribunal da Relação do Porto

Ac. de 07/04/2014 – Relator: João Nunes – disponível em http://www.dgsi.pt/jtrp.nsf/56a6e7121657f91e80257cda00381fdf/c78f60a7a81b343580257cc3002edf63?OpenDocument

Ac. de 17/12/2014 – Relator: Eduardo Peterson – disponível em http://www.dgsi.pt/jtrp.nsf/56a6e7121657f91e80257cda00381fdf/e4075e425a43d47d80257dcb005064b5?OpenDocument

Ac. de 05/01/2015 – Relatora: Maria José Costa Pinto – disponível em http://www.dgsi.pt/jtrp.nsf/56a6e7121657f91e80257cda00381fdf/710e18a3db1a361480257dcd0036adc0?OpenDocument

Ac. de 14/04/2015 – Relatora: Maria Graça Mira – disponível em http://www.dgsi.pt/jtrp.nsf/56a6e7121657f91e80257cda00381fdf/6b9642b33bf8155580257e5b0035ad8b?OpenDocument

Ac. de 28/10/2015 – Relatora: Paula Maria Roberto – disponível em http://www.dgsi.pt/jtrp.nsf/56a6e7121657f91e80257cda00381fdf/c59a5fbfdc511be880257f08003f1133?OpenDocument

Ac. de 20/02/2017 – Relator: Miguel Baldaia de Morais – Disponível em http://www.dgsi.pt/jtrp.nsf/56a6e7121657f91e80257cda00381fdf/63607cb138e53ce8802580de0052afc1?OpenDocument

Ac. de 19/03/2018 – Relatora: Teresa Sá Lopes – disponível em http://www.dgsi.pt/jtrp.nsf/56a6e7121657f91e80257cda00381fdf/4dcb41d2a190adb18025827b0046922b?OpenDocument

Ac. de 19/03/2018 – Relator: Augusto de Carvalho – disponível em http://www.dgsi.pt/jtrp.nsf/56a6e7121657f91e80257cda00381fdf/05bb90b2fdbf5e448025826b003548fb?OpenDocument

Ac. de 13/09/2018 – Relator: Carlos Portela – disponível em http://www.dgsi.pt/jtrp.nsf/56a6e7121657f91e80257cda00381fdf/9d44e23d71a9c1f480258319004cac45?OpenDocument

Ac. de 22/05/2019 – Relator Jerónimo Freitas – disponível em http://www.dgsi.pt/jtrp.nsf/56a6e7121657f91e80257cda00381fdf/3fe5d502728100f88025841e003c679c?OpenDocument

Ac. de 04/06/2019 – Relator: Rodrigues Pires – disponível em http://www.dgsi.pt/jtrp.nsf/56a6e7121657f91e80257cda00381fdf/10864c6b468290ac8025843100471bba?OpenDocument

Ac. de 07/11/2019 – Relator: João Venade – disponível em http://www.dgsi.pt/jtrp.nsf/56a6e7121657f91e80257cda00381fdf/17239bb3060cc9c3802584d2003f2513?OpenDocument

Ac. de 19/04/2021 – Relatora: Teresa Sá Lopes – disponível em http://www.dgsi.pt/jtrp.nsf/56a6e7121657f91e80257cda00381fdf/cc0e8723db238e11802586cc00514798?OpenDocument

Ac. de 15/12/2021 – Relator Carlos Gil disponível em http://www.dgsi.pt/jtrp.nsf/56a6e7121657f91e80257cda00381fdf/acb95b23a9aa7b41802587ed004b41e2?OpenDocument

Tribunal da Relação de Lisboa

Ac. de 25/06/2009 – Relatora: Carla Mendes – disponível em http://www.dgsi.pt/jtrl.nsf/33182fc732316039802565fa00497eec/17b51aef2ae8355a802575ee0053d59f?OpenDocument

Ac. de 22/01/2015 – Relator: Carlos Marinho – disponível em http://www.dgsi.pt/jtrl.nsf/33182fc732316039802565fa00497eec/191034f87f46750a80257e2d004f8dbc?OpenDocument

Ac. de 12/10/2016 – Relatora: Filomena Manso – disponível em http://www.dgsi.pt/jtrl.nsf/33182fc732316039802565fa00497eec/d26c13e78f0a18088025806b003ee841?OpenDocument

Ac. de 30/03/2017 – Relator: Ezagüy Martins – disponível em http://www.dgsi.pt/jtrl.nsf/33182fc732316039802565fa00497eec/1877a002107dda1f80258114002da80d?OpenDocument

Ac. de 12/09/2019 – Relator: Pedro Martins disponível em http://www.dgsi.pt/jtrl.nsf/33182fc732316039802565fa00497eec/1e8e96f85881b3068025848c003864c3?OpenDocument

Ac. de 01/10/2019 – Relatora: Rosário Gonçalves – disponível em http://www.dgsi.pt/jtrl.nsf/33182fc732316039802565fa00497eec/94499f4c0b66a90b8025849a002ae3e4?OpenDocument

Ac. de 26/02/2020 – Relatora: Maria José Costa Pinto – disponível em http://www.

dgsi.pt/jtrl.nsf/33182fc73231603980256 5fa00497eec/cab349b41bcdbb7980258 51f004ef182?OpenDocument

Tribunal da Relação de Coimbra

Ac. de 03/07/2013 – Relator: Felizardo Paiva – disponível em http://www.dgsi.pt/jtrc.nsf/c3fb530030ea1c61802568d9005cd5bb/cd3d74692f29d01080257bad00396235?OpenDocument

Ac. de 19/05/2015 – Relator: Moreira do Carmo – disponível em http://www.dgsi.pt/jtrc.nsf/c3fb530030ea1c61802568d9005cd5bb/22416748c10b471680257e650039934b?OpenDocument

Ac. de 20/04/2016 – Relator Jorge Arcanjo – disponível em http://www.dgsi.pt/jtrc.nsf/c3fb530030ea1c61802568d9005cd5bb/3fcb9698b7e319ce80257fa80049632f?OpenDocument

Ac. de 07/03/2017 – Relator: António Domingos Pires Robalo – disponível em http://www.dgsi.pt/jtrc.nsf/c3fb530030ea1c61802568d9005cd5bb/b064e05a976897b6802580df003c8cfe?OpenDocument

Ac. de 23/06/2017 – Relator: Felizardo Paiva – disponível em http://www.dgsi.pt/jtrc.nsf/c3fb530030ea1c61802568d9005cd5bb/7b9972cc061964238025815b0032db9d?OpenDocument

Ac. de 12/07/2017 -Relator Jorge Arcanjo – disponível em http://www.dgsi.pt/jtrc.nsf/c3fb530030ea1c61802568d9005cd5bb/63049c41e1d2fe3f80258191004f5edc?OpenDocument

Ac. de 02/08/2017 – Relator: Fernando Monteiro – disponível em http://www.dgsi.pt/jtrc.nsf/c3fb530030ea1c61802568d9005cd5bb/3b167fb978f3ac34802581ad003debd5?OpenDocument

Ac. de 18/05/2018 – Relatora: Paula Maria Roberto – disponível em http://www.dgsi.pt/jtrc.nsf/c3fb530030ea1c61802568d9005cd5bb/68594d9afd902dea802582f80036c006?OpenDocument

Ac. de 09/10/2018 – Relator: Carlos Moreira – disponível em http://www.dgsi.pt/jtrc.nsf/c3fb530030ea1c61802568d9005cd5bb/dcc65dd746cc9e2e80258343004c77d0?OpenDocument

Ac. de 17/09/2019 – Relator: Emídio Santos – disponível em http://www.dgsi.pt/jtrc.nsf/c3fb530030ea1c61802568d9005cd5bb/3136300f6ad1e7d5802584c6003adc65?OpenDocument

Tribunal da Relação de Guimarães

Ac. de 25/06/2015 – Relator: Antero Veiga – disponível em http://www.dgsi.pt/jtrg.nsf/86c25a698e4e7cb7802579ec004d3832/6e12d31950019b7280257ebc0055cebb?OpenDocument

Ac. de 21/01/2016 – Relatora: Helena Melo – disponível em http://www.dgsi.pt/jtrg.nsf/86c25a698e4e7cb7802579ec004d3832/08016f11889dce3f80257f69005ba92c?OpenDocument

Ac. de 02/02/2017 – Relator: Antero Veiga – disponível em http://www.dgsi.pt/jtrg.nsf/86c25a698e4e7cb7802579ec004d3832/53d5e28d054b1dfd8025811c00526368?OpenDocument

Ac. de 09/03/2017 – Relatora Maria Purificação Carvalho – disponível em http://www.dgsi.pt/jtrg.nsf/86c25a698e4e7cb7802579ec004d3832/82c79759f94624a480258106005299cf?OpenDocument

Ac. de 04/04/2017 – Relatora: Eva Almeida – disponível em http://www.dgsi.pt/jtrg.nsf/86c25a698e4e7cb7802579ec004d3832/850f1f7c75af09de802581370055d713?OpenDocument

Ac. de 13/02/2020 – Relatora: Margarida Almeida Fernandes – disponível em http://www.dgsi.pt/jtrg.nsf/86c25a69

8e4e7cb7802579ec004d3832/c037fd36e20b7d6e8025851c005376d8?OpenDocument

Ac. de 17/12/2020 – Relatora: António Barroca Penha – disponível nem http://www.dgsi.pt/jtrg.nsf/86c25a698e4e7cb7802579ec004d3832/cbc99442813f6bd98025865a0036fc02?OpenDocument

Tribunal da Relação de Évora

Ac. de 14/02/2019 – Relator: Francisco Matos – disponível em http://www.dgsi.pt/jtre.nsf/134973db04f39bf2802579bf005f080b/6d57f87c7e3806e9802583ac0033f5b6?OpenDocument

Tribunal Constitucional

Ac. nº 392/89

Disponível em https://www.tribunalconstitucional.pt/tc/acordaos/19890392.html

Ac. nº 494/94

Disponível em http://www.tribunalconstitucional.pt/tc/acordaos/19940494.html

Ac. nº 218/2020;

Disponível em https://www.tribunalconstitucional.pt/tc/acordaos/20200218.html

Ac. nº 272/2021;

Disponível em https://www.tribunalconstitucional.pt/tc/acordaos/20210272.html

Ac. nº 468/2022;

Disponível em https://www.tribunalconstitucional.pt/tc/acordaos/20220468.html

Tribunal Central Administrativo do Norte

Ac. de 15/09/2017 – Relator: Frederico Macedo Branco – disponível em http://www.dgsi.pt/jtcn.nsf/89d1c0288c2dd49c802575c8003279c7/0ac3fe1268107c77802581d4005cc513?OpenDocument

Ac. de 03/11/2017 – Relatora: Alexandra Alendouro – disponível em http://www.dgsi.pt/jtcn.nsf/89d1c0288c2dd49c802575c8003279c7/d30b49bf930c3a3980258352005a1e1f?OpenDocument

Ac. de 28/09/2018 – Relatora Maria Fernanda Antunes Aparício Duarte Brandão – disponível em http://www.dgsi.pt/jtcn.nsf/89d1c0288c2dd49c802575c8003279c7/51b380a6232c9a56802583a7004e7844?OpenDocument

Tribunal Central Administrativo do Sul

Ac. de 01/06/2017 – Relatora: Helena Canelas – disponível em http://www.dgsi.pt/jtca.nsf/170589492546a7fb802575c3004c6d7d/91a68d6db3292c078025813d004a1fb5?OpenDocument

Ac. de 21/02/2019 – Relatora: Paula de Ferreirinha Loureiro – disponível em http://www.dgsi.pt/jtca.nsf/170589492546a7fb802575c3004c6d7d/af7b33cc0377b455802583a9003db051?OpenDocument

ÍNDICE